小学6年生

作文・表現にぐーんと強くなる

学習指導要領対応

KUMON

この本の使い方

- 問題を始める前に、まとめコーナーを読みましょう。
- 巻末《かんまつ》の「別冊解答例《べっさつかいとうれい》」は、取り外して使います。
- 書き方に迷ったときは、作文のお手本と解説をよく読みましょう。

もくじ

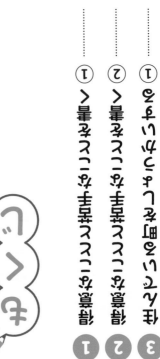

1 得意なことと苦手なことを書く❶

周りの人にあなたのことをよく知ってもらうために、得意なことと苦手なことを伝えましょう。

得意なことと苦手なことの書き方

① 得意なことと苦手なことを考えよう。

② 「得意なことが生きた体験」と「苦手なことで失敗した体験」を考えよう。

◆得意なことと苦手なことの見つけ方

●自分自身をふり返る。
自分が自信をもっていることや、ここは変えたいと思うところはないかを考えよう。

●周りの人から言われたことを思い出す。
周りの人からほめられたことや、注意されたことはないかを思い出そう。

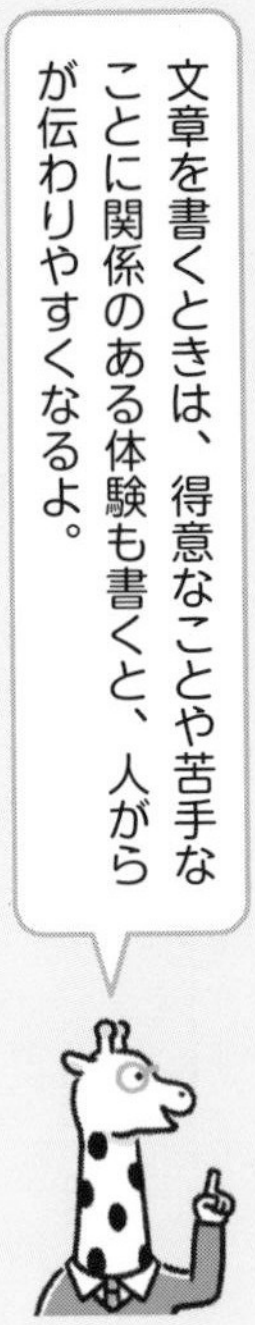
文章を書くときは、得意なことや苦手なことに関係のある体験も書くと、人がらが伝わりやすくなるよ。

❶ 下のまん画を見てわかる、ゆうとさんの得意なことと苦手なことを書きましょう。

〈朝の通学路で〉
あ、けいたさん！
昨日《きのう》転校してきたゆうとさん！もうぼくの顔を覚えてくれたの？
もちろんだよ！
〈友達の家で〉
どっちのアイスがいい？
なかなか決められないよ……。
とけちゃうよ！

●ゆうとさんの得意なこと

・（　　　　）こと。

●ゆうとさんの苦手なこと

・（　　　　）こと。

・（　　　　）こと。

❷ あなたの得意なこと・苦手なことはどのようなところですか。それぞれ書き出してみましょう。

・あなたの考える自分の得意なこと

・あなたの考える自分の苦手なこと

❸ あなたの得意なことが生きた体験を書きましょう。

転校したとき、転校先のクラスメートの顔を、一日で全員覚えられたよ。そのおかげで、すぐに仲良くなれたんだ。

❹ あなたの苦手なことが原因になって、失敗した体験を書きましょう。

友達の家でアイスを出してもらったとき、どの味にするかなかなか決められなくて、アイスがとけそうになってしまったことがあるよ。

今回書いたことをもとに、次回は自分の得意なことと苦手なことをしょうかいする文章を書いてみよう。

2 得意なことと苦手なことを書く②

❶ 次の〈ゆうとさんのメモ〉を見ながら、〈ゆうとさんの文章〉の（　）に合う言葉を書きましょう。

〈ゆうとさんのメモ〉

・得意なこと
人の顔を覚えること。

・得意なことが生きた体験
転校先の学校で、クラスメートの顔を一日で覚えて、すぐに仲良くなれたこと。

・苦手なこと
物事を決めること。

・苦手なことが原因で、失敗した体験
友達の家でアイスを出してもらったとき、どの味にするかなかなか決められなくて、アイスがとけそうになってしまったこと。

文章に書くことを、メモにまとめてみたよ。

〈ゆうとさんの文章〉

得意なこと → 体験

ぼくの得意なことは、人の顔を覚えることです。四年生のときに転校をしたのですが、新しいクラスメートの顔を、一日で覚えることができました。おかげで、みんなとすぐに（　　　　）なることができました。

苦手なこと → 体験

ぼくの苦手なことは、物事を決めることです。友達の家でアイスを出してもらったときに、どの味にするかなかなか決められず、アイスが（　　　　）なってしまったことがあります。これからは気をつけたいと思います。

文末は、「〜です・ます」という形か「〜だ・である」という形のどちらかにそろえて書こう。

2 5ページで書いた内容を見ながら、あなたの得意なことと苦手なことをしょうかいする文章を書くための〈あなたのメモ〉を作りましょう。

〈あなたのメモ〉

・得意なこと

・得意なことが生きた体験

・苦手なこと

・苦手なことが原因で、失敗した体験

3 〈あなたのメモ〉を見ながら、あなたの得意なことと苦手なことをしょうかいする文章を書きましょう。

苦手なことの部分の最後に、これからどうしたいかを書くと、文章がまとまるよ。

3 住んでいる町をしょうかいする❶

しょうかいしたい場所について思い出して整理しよう

住んでいる町をクラスのみんなにしょうかいする作文を書きます。次のように考えましょう。

①町にあるどんな場所をしょうかいするかを決める。
②その場所についての出来事を思い出す。
　その場所をいいなと思った出来事や、その場所が心に残るきっかけとなった出来事を思い出す。
③出来事や行動を通して、その場所をどのように思ったかを考える。

❶ 次のまん画を見て、後の問題に答えましょう。

(1) 上のまん画の出来事を〈メモ〉にしました。(　)に合う言葉を書きましょう。うすい字はなぞりましょう。

ゆうとさんは、友達のたけるさんと、住んでいる町にある(　　　)に、(　　　)をするために行った。

↓

うまくできなくてなやんでいたら、(他の利用者)がコツを教えてくれた。

↓

地域《ちいき》の人と交流を深めることができた。

(2) ゆうとさんとたけるさんは、その場所をどのように思ったでしょう。ア〜ウから選んで、記号を○で囲みましょう。

ア たくさんのお店がある、便利な場所。
イ 自然が豊かで、生き物とふれあえる場所。
ウ 地域の人との交流がある、温かい場所。

❷ あなたがしょうかいする場所を決めましょう。

(1) あなたの町には、どんな場所がありますか。書き出してみましょう。

ふだん通る道や、家族や友達と行った場所など、思いうかんだ場所を全部書き出そう。

(2) (1)で書き出した中から、しょうかいしたい場所を一つ選んで書きましょう。

その場所をいいなと思った出来事や、心に残る出来事がある所を選ぶといいよ。

わたしは、学校の近くの田んぼのことをしょうかいしたいな。

❸ ❷(2)で決めた場所について、心に残っている出来事を一つ思い出して書きましょう。

五年生のとき、学校の授業で田植え体験に行ったんだ。体験が終わったあと、農家の人が「よくがんばったね。ありがとう。」と言ってくれたんだよ。がんばったかいがあって、とてもうれしかったな。

❹ ❸の出来事を通して、あなたの選んだ場所はどんな場所だと言えるでしょう。

思いやりのある人たちが働いている、貴重《きちょう》な経験をできる場所だと思うよ。

4 住んでいる町をしょうかいする②

住んでいる町をしょうかいする文章の書き方

住んでいる町についてしょうかいする文章を書くときは、次のような手順で取り組みましょう。

①住んでいる町についてメモにまとめる。
②次のような構成で文章にまとめる。

はじめ	住んでいる町のどんな場所をしょうかいするか。
中	どんな出来事があったか。
終わり	出来事や行動から、どんな場所と言えるか。

❶ 次の〈はるかさんのメモ〉を見ながら、〈はるかさんの文章〉の□に合う言葉を書きましょう。

〈はるかさんのメモ〉

しょうかいする場所	学校の近くの田んぼ。
出来事	五年生のとき、学校の授業で田植え体験に行った。体験が終わったあと、農家の人が「よくがんばったね。ありがとう。」と言ってくれた。
どんな場所か	思いやりのある人たちが働いている、貴重《きちょう》な経験をできる場所。

〈はるかさんの文章〉

はじめ

　わたしは、住んでいる町について、学校の近くの□をしょうかいしたいと思います。

中

　五年生のとき、学校の授業で田植え体験に行きました。田んぼに入って田植えを体験させてもらったあと、農家の人が
□
と言ってくれました。がんばったかいがあって、とてもうれしかったです。

終わり

　このことから、学校の近くの田んぼは、□□人たちが働いている、□□をできる場所だと思います。

書き始めは一ます空ける。

会話文(「　」)の書き始めは、行を変えて書く。書き終わったあとの文も、行を変えて書く。

原こう用紙の使い方のポイントに気をつけて書いたよ。

句点(。)や読点(、)が行の初めに来るときは、前の行のいちばん下のますに文字といっしょに書く。

2 あなたの住んでいる町をしょうかいする文章を書くための〈あなたのメモ〉を書きましょう。9ページの**2**(2)・**3**・**4**で書いたことをもとにまとめましょう。

〈あなたのメモ〉

しょうかいする場所	出来事	どんな場所か

3 **2**の〈あなたのメモ〉に書いたことをもとに、原こう用紙の使い方に気をつけて、住んでいる町をしょうかいする文章を書きましょう。

「中」と「終わり」がつながるように書くことがポイントだよ。

5 読書感想文を書く①

読書感想文の書き方

読書感想文は、次のような手順で書きましょう。

① 読書感想文を書く本を決める。

本を決めるときは、図書館に行って実際に本を手に取ったり、インターネットで読みたい本を探《さが》したりしてみよう。

以前読んで、心に残っている本を、もう一度読み返してもいいよ。

② 本を読んで、心に残ったところを選ぶ。

本を読むとき、心に残ったところにしおりをはさみながら読んでもよい。後でふり返るときに役に立つよ。

いらない紙でしおりを作って、どんどんはさんでいくといいよ。借りた本を返すときは、しおりを取って返してね。

③ 文章の構成を考えて、**〈構成メモ〉**を書く。

④ **〈構成メモ〉**をもとに、読書感想文にまとめる。

---

1 「大造《だいぞう》じいさんとガン」のあらすじを書きました。あらすじのまとめ方として、よいほうは**ア**・**イ**のどちらでしょう。記号を○で囲みましょう。

書名 「大造じいさんとガン」
作者名 椋《むく》鳩《はと》十《じゅう》

『大造じいさんとガン』椋鳩十作（偕成社《かいせいしゃ》文庫）

ア

かりゅうどの大造じいさんは、おとりのガンを使ってガンをとらえようとしたが、ハヤブサが来ておとりのガンをおそう。ガンの頭《とう》領《りょう》の残雪《ざんせつ》はけがをしたが、大造じいさんに堂々とした態度を見せる。大造じいさんのおりで一冬をこし、傷《きず》が治った残雪が北へ飛び去っていくのを、大造じいさんは晴れ晴れとした顔つきで見守る。

◆読書感想文は、次のような構成で書こう。

はじめ	本を読んだきっかけ
中	・簡単《かんたん》なあらすじ ・本を読んでいちばん心に残ったところはどこか。心に残ったのはなぜか。 ・自分の経験など(自分と比べてどう思うかや、自分ならどうするか)。
終わり	・本を読んで深く感じたことや学んだこと。 ・その本を読んだうえで、自分はこれからどうしたいか。

◆あらすじのまとめ方

① 初めにどんなことがあったか
② 次にどんなことがあったか
③ 最後にどうなったか

をおさえて、話の流れや前後のつながりがわかるように簡潔《かんけつ》にまとめよう。

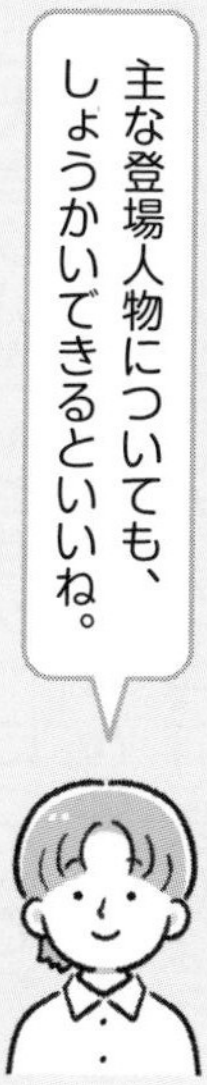
主な登場人物についても、しょうかいできるといいね。

イ

かりゅうどの大造じいさんは、おとりのガンを使ってガンをとらえようとしたが、ハヤブサが来ておとりのガンをおそう。ガンの頭領の残雪は、仲間を救うためハヤブサと戦ってけがをしたが、大造じいさんに堂々とした態度を見せる。大造じいさんのおりで一冬をこし、傷が治った残雪が北へ飛び去っていくのを、大造じいさんは晴れ晴れとした顔つきで見守る。

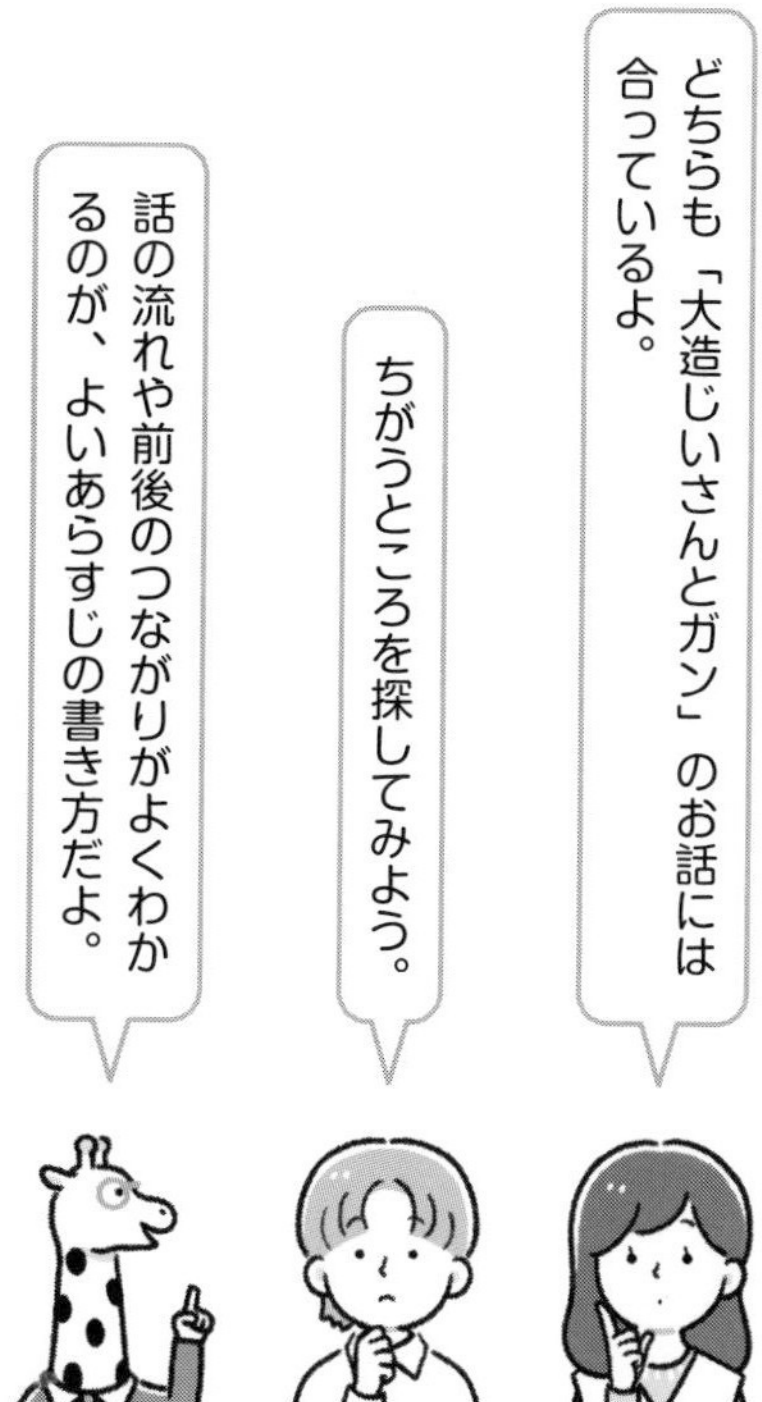
どちらも「大造じいさんとガン」のお話には合っているよ。
ちがうところを探してみよう。
話の流れや前後のつながりがよくわかるのが、よいあらすじの書き方だよ。

6 読書感想文を書く②

1 ゆうとさんは、「大造《だいぞう》じいさんとガン」について読書感想文を書きます。次の、先生とゆうとさんのやり取りを読んで、**〈ゆうとさんの構成メモ〉**を完成させましょう。

この本は、五年生の国語の授業で読んだことがあって、もう一度、読んでみたくなったんだ。

心に残ったのはどんなところ？　どうして心に残ったのかな。

大造じいさんが残雪《ざんせつ》に、「おれたちは、また堂々と戦おうじゃあないか。」と呼《よ》びかけるところだよ。大造じいさんが、残雪に親しみと尊《そん》敬《けい》をいだいているように感じられたからだよ。

思い出す自分の経験などはあるかな？

サッカーの試合のあと、相手チームと、たがいのがんばりをたたえたいという気持ちになった。

本を読んで、深く感じたことはあるかな？

正々堂々と戦うことの気持ちよさを感じたよ。

〈ゆうとさんの構成メモ〉

はじめ	中			終わり
本を読んだきっかけ	簡単《かんたん》なあらすじ	心に残ったところとその理由	自分の経験など	学んだことや、深く感じたこと
五年生の国語の授業で読んだことがあり、もう一度読んでみたくなったから。	かりゅうどの大造じいさんが使ったおとりのガンを、ハヤブサがおそう。ガンの頭《とう》領《りょう》の残雪は、仲間を救うためハヤブサと戦ってけがをするが、大造じいさんに堂々とした態度を見せる。大造じいさんのおりで一冬をこし、傷《きず》が治った残雪が北へ飛び去っていくのを、大造じいさんは晴れ晴れとした顔つきで見守った。	大造じいさんが残雪に、「おれたちは、また堂々と戦おうじゃあないか。」と呼びかけるところ。大造じいさんが、残雪に親しみと尊敬をいだいているように感じられたから。	サッカーの試合のあと、相手チームと、たがいのがんばりを（　　　）という気持ちになった。	（　　　）と戦うことの気持ちよさ。

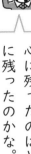

❷ ゆうとさんは、❶の〈ゆうとさんの構成メモ〉をもとに、読書感想文を書きました。（　）に合う言葉を書いて、〈ゆうとさんの読書感想文〉を完成させましょう。

〈ゆうとさんの読書感想文〉

本を読んだきっかけ

あらすじ

心に残ったところとその理由

自分の経験など

本を読んで学んだことや、深く感じたこと

ぼくは、「大造じいさんとガン」を読みました。この本は、五年生の国語の授業で読んだことがあり、もう一度読んでみたくなったからです。

この物語では、かりゅうどの大造じいさんが使ったおとりのガンをハヤブサがおそいます。ガンの頭領の残雪は、仲間を救うためハヤブサと戦ってけがをしますが、大造じいさんに堂々とした態度を見せます。大造じいさんのおりで一冬をこし、傷が治った残雪が北へ飛び去っていくのを、大造じいさんは晴れ晴れとした顔つきで見守ります。

この物語を読んでいちばん心に残ったのは、大造じいさんが残雪に、「おれたちは、また堂々と戦おうじゃあないか。」と（　　　）ところです。どうして心に残ったのかというと、（　　　）からです。

ぼくは、サッカーをやっているのですが、試合のあと、相手チームと、（　　　）と思った経験があります。大造じいさんも、残雪に対して、堂々と向き合いたいと感じているのではないかと思いました。

ぼくは、この物語を読んで、（　　　）を感じました。ライバルと認《みと》め合《あ》って成長していくことができるとよいなと思いました。

7 読書感想文を書く③

❶ あなたが読書感想文を書く本を決めましょう。
（　）に本の題名を書きましょう。

（　　　　　　　　　　）

❷ 読書感想文に書くことを、〈構成メモ〉にまとめましょう。

〈構成メモ〉

はじめ	中			終わり
本を読んだきっかけ	簡単《かんたん》なあらすじ	心に残ったところとその理由	自分の経験など	学んだことや、深く感じたこと
	◀初めにあったこと、次にあったこと、最後にどうなったかをまとめよう。			

3 2で書いた〈構成メモ〉をもとに、読書感想文を書きましょう。

本を読んだきっかけ

簡単なあらすじ

心に残ったところとその理由

自分の経験など

本を読んで学んだことや、深く感じたこと

◀合うほうを◯で囲もう。

（ぼく・わたし）は、（　　　　　　　　）という本を読みました。

この本を読んだきっかけは、

8 絵や写真の感想文を書く①

絵や写真の感想文の書き方

好きな絵や写真について感想を伝える作文は次のような手順で考えましょう。

① 何の絵や写真について伝えるかを決める。
美術館の展示《てんじ》や、本、テレビなどで見た絵や写真を思い出してみましょう。

② 絵や写真についての情報を集める。
いつかかれたり、とられたりしたものか、作者はどんな人かなどの情報を図書館の本やインターネットなどで調べて集めましょう。

③ 書く内容を〈構成メモ〉にまとめる。

④ 〈構成メモ〉をもとに感想文を書く。
ただ「きれいだ」「すごい」というだけではなく、どこがどうきれいなのか、すごいのかが伝わるように表現を工夫《くふう》しましょう。

---

1 はるかさんは、左の絵について〈構成メモ〉にまとめました。〈はるかさんの構成メモ〉をもとに書いた〈はるかさんの感想文〉の（　）に合う言葉を書いて、感想文を完成させましょう。

〈はるかさんの構成メモ〉

はじめ	曽我二直庵《そがにちょくあん》の作品。
中	・曽我二直庵は、江戸《えど》時代初期の絵師。 ・満月の夜にフクロウが松の枝にとまっている様子。 ・墨《すみ》でえがかれた絵。色をぬらないことで月を表現している。 ・フクロウの不思議な様子が好き。
終わり	みなさんも気づいたことがあったら教えてほしい。

◆〈構成メモ〉の書き方

好きな絵や写真について感想を伝える作文を書くときは、次のような構成でまとめるとよいでしょう。

はじめ	●好きなのは、だれの(何という)作品か。 ・いつ、どこで見たかなどがわかれば書こう。
中	●絵や写真の情報 ・いつかかれたり、とられたりしたのか、作者はどんな人か、など調べたことを書こう。 ●どんなところが好きか、印象に残っているか。 ・だれが何をしているところか、どんな色かなど、様子を具体的に説明しよう。 ●なぜ印象に残ったのか。 ・見ているとどんな気持ちになるかなど好きな理由を書こう。
終わり	読む人にすすめる言葉や呼《よ》びかける言葉などを書こう。

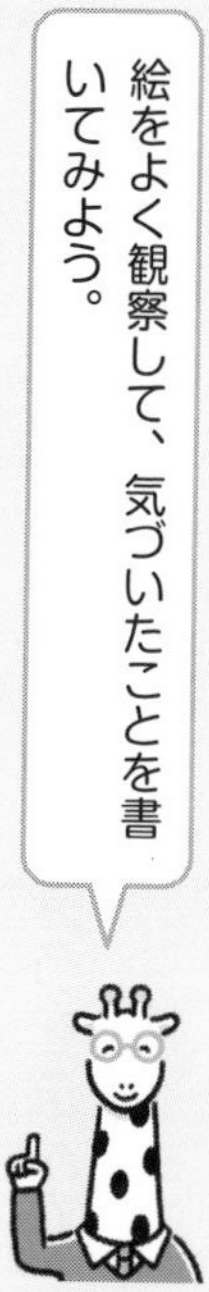
絵をよく観察して、気づいたことを書いてみよう。

〈はるかさんの感想文〉

この絵は、（　　　　）の絵です。

作者は、（　　　　）の初期に活やくしました。

この絵は、満月が出ている夜に（　　　　）が松の枝にとまっている様子がえがかれています。

（　　　　）ことで月を表現しているところがすごいと思いました。

こちらを見つめているフクロウの（　　　　）が好きです。

みなさんもこの絵について気づいたことがあったら、教えてください。

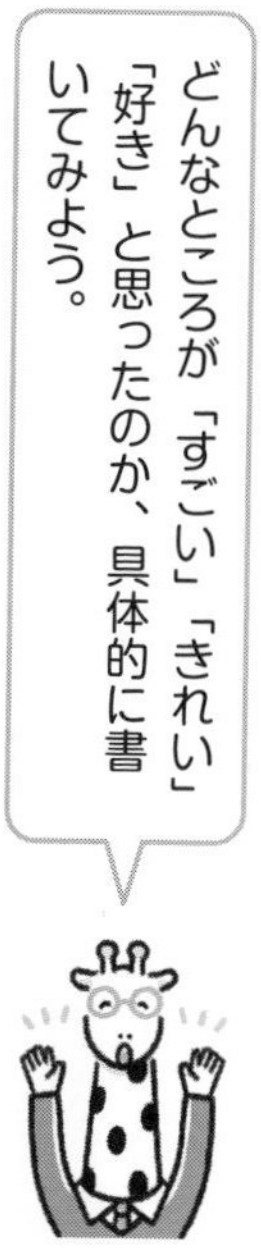
どんなところが「すごい」「きれい」「好き」と思ったのか、具体的に書いてみよう。

9 絵や写真の感想文を書く②

❶ 次の二枚《まい》の絵のうち、あなたが好きなほうを選んで、記号を○で囲みましょう。

ア

アの絵の情報
十八世紀後半から十九世紀前半のイギリスの画家ジョン・ボインの作品。ねている羊飼いの横に犬、おくに羊がいる。

イ

イの絵の情報
十九世紀後半のオランダの画家ゴッホの作品。畑の雑草を燃やしている様子がえがかれている。

❷ 上で選んだ絵について、文章に書くための〈構成メモ〉を書きましょう。

〈構成メモ〉

はじめ
▼絵の情報を書こう。

中
▼好きなところや印象に残ったところと、その理由を書こう。

終わり
みなさんも気づいたことがあったら教えてほしい。

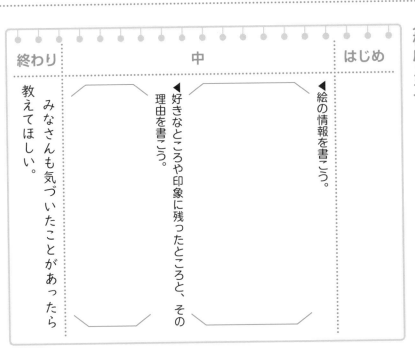

❸ ❷で〈構成メモ〉にまとめた内容をもとに、❶で選んだ絵について伝える文章を書きましょう。

だれの作品か

この絵は、（　　　　　　　　　　）の作品です。

作者はどんな人か

作者は、（　　　　　　　　　　）に活やくしました。

絵の情報

この絵は、

好きなところや印象に残ったところ、その理由

終わりの言葉

みなさんもこの絵について気づいたことがあったら、教えてください。

絵について具体的に伝わるように、表現を工夫《くふう》してみよう！

10 体験したことを書く①

体験したことを文章に書く書き方

体験したことを文章に書くときは、次のような手順で取り組みましょう。

① 体験したことを思い出して、いくつか書き出す。

② 書き出したことの中から、伝えたい体験を一つ選ぶ。

③ 体験をくわしく思い出して、〈構成メモ〉を書く。
- 出来事を順序よく思い出そう。
- したこと、見たこと、言ったこと、聞いたことなどを思い出そう。

④ 〈構成メモ〉をもとに文章を書く。

---

1 ゆうとさんの海につりに行った体験についてのまん画を見て、〈ゆうとさんのメモ〉の（　）に合う言葉を書きましょう。

◆〈構成メモ〉の書き方

〈構成メモ〉は、「はじめ」「中」「終わり」の組み立てで書いてみよう。

〈構成メモ〉

はじめ	どんな体験をしたのか。
中	体験のくわしい内容 ・初めに何があったか。 ・次に何があったか。 ・最後に何があったか。 そのときどう思ったか。
終わり	体験を通して感じたことや学んだこと。

わたしは、夏休みに家族で山にキャンプに行ったから、そのことを書こうかな。

ぼくは、休みの日におじさんと海につりに行って、アジをつることができたから、そのことを書きたいな。

〈ゆうとさんのメモ〉

体験のくわしい内容

・初めに何があったか。

つり針に（　　　）をつけようとしてうまくいかなかったとき、おじさんは「針の先をよく見て、（　　　）つければいいよ。」と言ってくれた。

・次に何があったか。

えさをかけた針を海に落として待ったが、なかなか目的の（　　　）がつれなかった。

おじさんは、「つりは、（　　　）ことが大事なのさ。」と言ってくれた。

・最後に何があったか。そのときどう思ったか。

じっと待っていたら、アジをつることができた。とても（　　　）気持ちになった。

次は、ここで書いたことをもとに、文章を書いていくよ。

11 体験したことを書く②

1 ゆうとさんが体験したことを〈構成メモ〉にまとめました。〈ゆうとさんの構成メモ〉を見て、〈ゆうとさんの文章〉の（　）に合う言葉を書きましょう。

〈ゆうとさんの構成メモ〉

はじめ	おじさんと海にアジをつりに行った。
中	・つり針《ばり》にえさをつけようとしたが、うまくいかなかった。おじさんは、「針の先をよく見て、落ち着いてつければいいよ。」と言ってくれた。 ・えさをかけた針を海に落として待ったが、なかなかアジがつれなかった。おじさんが「つりは、がまん強く待つことが大事なのさ。」と言ってくれた。 ・じっと待っていたら、アジをつることができて、とてもうれしい気持ちになった。
終わり	次はもっとたくさんつりたい。

主語と述語が正しくつながっているか確かめよう。
×わたしが学んだことは、～学びました。
○わたしは、～を学びました。

〈ゆうとさんの文章〉

ぼくは、おじさんと海にアジをつりに行きました。

まず、（　　　　）にえさをつけようとしましたが、うまくできませんでした。

（　　　　）が「針の先をよく見て、落ち着いてつければいいよ。」と言ってくれました。

えさをかけた針を海に落として待っていましたが、なかなかアジがつれませんでした。おじさんは、「つりは、がまん強く待つことが大事なのさ。」と言ってくれました。

じっと待っていたら、アジをつることができて、とてもうれしい気持ちになりました。

次は、（　　　　）と思いました。

❷ あなたが最近体験したことを文章に書く準備をします。最近体験したことを思い出して、三つ書きましょう。

例

◯ 体育の時間に側転ができるようになった。

□

□

□

❸ ❷で書いた中から、文章に書いて伝えたいことを一つ選んで、□に○を書きましょう。

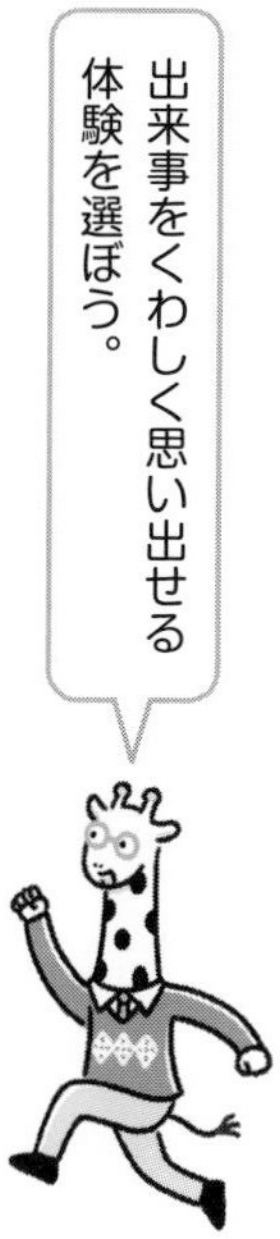
出来事をくわしく思い出せる体験を選ぼう。

❹ ❸で選んだ体験について順序よく思い出し、したことや見たこと、言ったこと、聞いたことなどを書きましょう。

・初めに何があったか。

・次に何があったか。

・最後に何があったか。そのときどう思ったか。

12 体験したことを書く ❸

❶ 25ページ❹で書いたことをもとに、〈構成メモ〉をまとめましょう。

〈構成メモ〉

はじめ	◀どんな体験をしたかを書こう。	
中	◀初めに何があったかを書こう。	
	◀次に何があったかを書こう。	
	◀最後に何があったか、そのときどう思ったかを書こう。	
終わり	◀体験を通して感じたことや学んだことを書こう。	

2 **1**の〈**構成メモ**〉を見て、文章を書きましょう。

はじめ

◀どんな体験をしたかを書こう。

中

◀体験のくわしい内容を書こう。

終わり

◀体験を通して感じたことや学んだことを書こう。

書いたら見直して、主語と述語が正しくつながっているかを確かめよう。

13 社会科見学の報告文を書く①

見学して報告文を書くときの書き方

社会科見学などで見学したことについて、報告文を書くときは、次の手順でまとめましょう。

① 見学する前
・知りたいことをまとめておく。

② 見学するとき
・見たことや聞いたこと、気づいたことを書きとめて**〈見学メモ〉**を作る。
・見学先の人に、聞きたいことをインタビューして**〈インタビューメモ〉**を作る。
・パンフレットなどの資料があれば入手する。

③ 見学した後
・取った**〈メモ〉**を整理して、書く内容を選ぶ。
・**〈メモ〉**や資料をもとに報告文を書く。
・内容に合う図などを用意する。

報告文の構成

報告文は、次のような構成で書こう。

---

1 次の報告文を読んで、問題に答えましょう。

国際宇宙《うちゅう》センターの秘密《ひみつ》

六年　木村《きむら》　ゆうと

1 ［　　　　］

科学展示館《てんじかん》の見学で、宇宙飛行士が国際宇宙センター（ISS《アイエスエス》）でどのような生活をしているのかを調べることにしました。無重力に興味があるからです。

2 ［　　　　］

(1) ISSとは

宇宙飛行士が滞在《たいざい》するISSは、地球から四〇〇キロメートルの上空を、秒速七九〇〇メートルのスピードで周回しています。資料①で示すように、地球を九十分で一周します。（略《りゃく》）

資料①

(2) 宇宙での食事

宇宙は重力がないので、地上と同じように食事をすることはできません。そのため、食べ方にさまざまな工夫《くふう》があります。

（略）

3 ［　　　　］

ISSでのくらしは、地上とは全くちがうことがよくわかりました。ぼくも、無重力の中で一度食事をしてみたいと思いました。

1 調べたことと調べた理由
2 調べてわかったこと
3 調べた感想

インタビューの仕方

見学先の人にインタビューをするときは、次のことに気をつけよう。

① インタビューする前
・質問を事前に考えておく。

② インタビューするとき
・メモを取りながら聞く。
・質問をして疑問《ぎもん》に思ったことや、もっと知りたいと思ったことはその場で聞く。
・ていねいな言葉づかいではっきりと話す。
・あいさつやお礼の言葉をきちんと言う。
・写真さつえいや録音は許可をとってからにする。

(1) 報告文の1～3の見出しに合うものを、[　]から選んで（　）に記号を書きましょう。

1…（　　）　2…（　　）　3…（　　）

ア 調べた感想
イ 調べてわかったこと
ウ 調べたことと調べた理由

(2) 報告文の[　]に入れるとよい図を、次のア～ウから選んで、記号を○で囲みましょう。

ア ISSの図

イ ISSの位置や速さを示した図

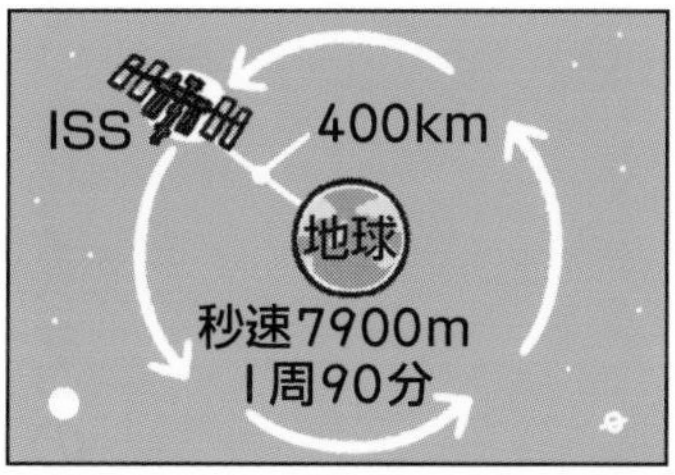
ISS
400km
地球
秒速7900m
1周90分

ウ 宇宙空間を示した図

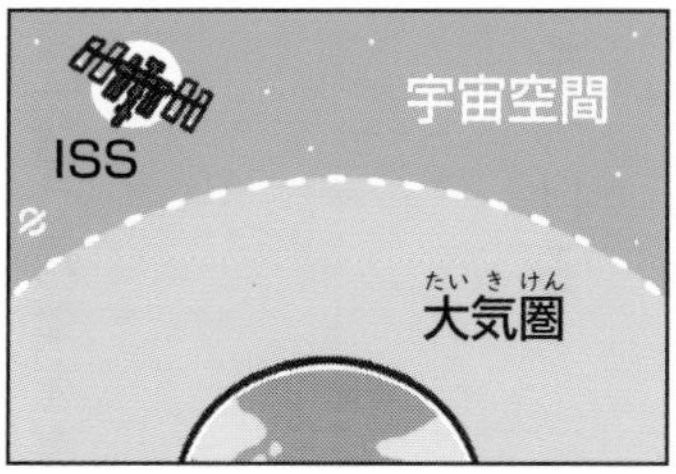
ISS
宇宙空間
大気圏《たいきけん》

文章だけではわかりにくいところは、図や写真を使って説明するとわかりやすくなるよ。

14 社会科見学の報告文を書く②

❶ はるかさんは、納豆《なっとう》工場を見学しました。次のまん画を見て問題に答えましょう。

〈工場見学の様子〉

①
ここから、納豆作りの二日目の工程に入ります。まず、大豆を蒸《む》して納豆きんをつける作業です。
②
これが、納豆きんが入っている液体です。納豆きんは、においも味も全然ないんですよ。
次は、わらつとに大豆をつめていますよ。
③
これは、お米を収穫《しゅうかく》した後のいなわらで作ったものなんです。よく見る容器は、白い発ぽうスチロールのものですよね。

(1) はるかさんが、工場見学をしながらメモを取りました。〈工場見学の様子〉を見て、〈見学メモ〉の（　）に合う言葉を書きましょう。

〈見学メモ〉

納豆作り二日目

① 大豆を蒸して（　　　）をつける。
→においも（　　　）もない。

② （　　　）に大豆をつめる。
→いなわらの容器

③ 発酵させる。
・（　　　）で二十時間。
・納豆きんの働きで、納豆のねばねばと（　　　）が出る。
・栄養満点のおいしい納豆を作る大切な工程。

〈工場見学後のインタビューの様子〉

(2) はるかさんは、工場の人にインタビューをしながらメモを取りました。〈工場見学後のインタビューの様子〉を見て、〈インタビューメモ〉の（　）に合う言葉を書きましょう。

〈インタビューメモ〉

○どうして四十度で発酵させるのか？
・納豆きんは（　　　　）。
・（　　　　）最適の温度だから。
○納豆が苦手でも食べられる方法は？
・ねばりが×……おろし大根を入れる。
・においが×……マヨネーズを入れる。
・いろいろな薬味をためしてほしい。
・食べやすい自分好みの食べ方を見つけて。

メモを取るときは、記号や数字を使う、短くまとめる、か条書きにするなどして、インタビューの内容を聞きのがさないようにしよう。

15 社会科見学の報告文を書く③

❶ 次のメモと資料をもとに、はるかさんが社会科見学の〈報告文〉を書きました。

(1) 〈はるかさんの報告文〉の□に見出し、（　）に合う言葉を書きましょう。

(2) 〈はるかさんの報告文〉の[　]に入れるとよい図を〈パンフレットの一部〉のア・イから選んで、[　]の□に記号を書きましょう。

報告文には、インタビューのときに聞いた「話し言葉」を「書き言葉」に直して書くよ。

〈見学メモ〉

二日目

① 大豆を蒸《む》して納豆《なっとう》きんをつける。
→ においも味もない。

② わらつとに大豆をつめる。
→ いなわらの容器

③ 発酵《はっこう》させる。
・四十度で二十時間。
・納豆きんの働きで、納豆のねばねばとにおいが出る。
・栄養満点のおいしい納豆を作る大切な工程。

〈インタビューメモ〉

○どうして四十度なのか？
・納豆きんは生きている。
・活動するのに最適な温度。

○納豆が苦手でも食べられる方法は？
・ねばりが×
……おろし大根を入れる。
・においが×
……マヨネーズを入れる。
・いろいろな薬味をためしてほしい。
・食べやすい自分好みの食べ方を見つけて。

〈パンフレットの一部〉

納豆Q&《アンド》A

どうしてわらつとにつつむの？

昔は、いねについている納豆きんをそのまま利用して納豆を作っていたからです。

納豆きんってどんなもの？

納豆きんの長さは、約0.003mm。とても小さく肉眼では見えません。

ア　わらつと

イ　電子顕微鏡《けんびきょう》で見た納豆きん

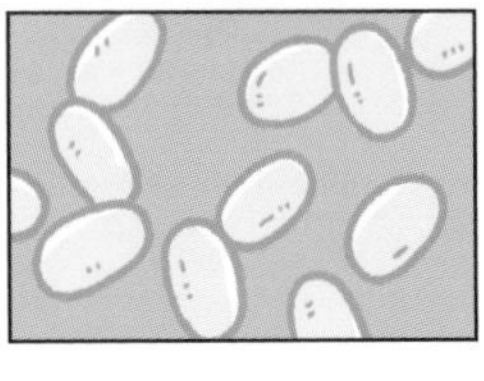

〈はるかさんの報告文〉

納豆のねばねばとにおいの秘密《ひみつ》

大野《おおの》　はるか

1　調べたことと調べた理由

わたしは納豆が大好きですが、弟は納豆が苦手で食べられません。納豆工場の見学で、納豆のねばねばとにおいについて調べたいと思いました。

2　［　　　　］

(1)　納豆の製造方法

一日目は、大豆をよく洗《あら》います。（略《りゃく》）

二日目は、まず、（　　　　）

資料①からわかるように、納豆きんは、ウインナーのような形をしていて、とても小さく目には見えません。また、まったく（　　　　）

資料①

（　　　　）。

次に、（　　　　）。

そして、（　　　　）発酵させます。四十度は、納豆きんが（　　　　）。

納豆きんがよく働くと、（　　　　）。

（略）

3　［　　　　］

ねばねばやにおいは、大豆が栄養満点のおいしい納豆に生まれ変わったサインです。発酵が大切だということがよくわかりました。

（　　　　）。

16 興味をもって取り組んでいることについて書く①

興味をもって取り組んでいることについての文章の書き方

自分が興味をもって取り組んでいることについて文章を書くときは、次のような手順で書きましょう。

① 興味をもって取り組んでいることを一つ選ぶ。

② 選んだことについて次のような観点でふり返る。
- 興味をもつようになったきっかけは何か。
- どんなところが楽しいか。
- 見たり、聞いたり、取り組んだりしていると、どんな気持ちになるか。
- おすすめのポイントは何か。
- これからどうしたいか。これからどうなりたいか。(目標)

きみが興味をもっているのは、どんなことかな?

❶ 次のまん画を見て、ゆうとさんが興味をもって取り組んでいることについて、次ページの〈ゆうとさんのメモ〉を完成させましょう。

①
〈兄の部屋〉
ゆうとさんのお兄さん▶
やった! 勝ったぞ!
②
さっき、何をして遊んでいたの?
トランプゲームだよ。ルールを教えるから、いっしょに遊ぼうか。
楽しそう!
③
自分で戦略が立てられるんだね。戦略がうまくいって勝てるとうれしいな!
④
友達といっしょに楽しめるところもいいね! もっと強くなって、大会に出てみたいな。

〈ゆうとさんのメモ〉

・興味をもって取り組んでいること
トランプゲーム
・興味をもつようになったきっかけは何か。
（　　）が友達と遊んでいて、楽しそうだったから。
・どんなところが楽しいか。
自分で（　　）を立てられるところ。
・やっているとどんな気持ちになるか。
戦略がうまくいって勝ったときは（　　）気持ちになる。
・おすすめのポイントは何か。
（　　）といっしょに楽しめるところ。
・これからどうしたいか。
もっと強くなって、（　　）に出てみたい。

2 **1** の〈ゆうとさんのメモ〉を見て、（　）に合う言葉を書き、〈ゆうとさんの文章〉を完成させましょう。

〈ゆうとさんの文章〉

今、ぼくが、興味をもって取り組んでいることは、（　　）です。

興味をもつようになったきっかけは、兄が友達と遊んでいるのを見て、（　　）だと思ったことです。

トランプゲームの楽しいところは、自分で戦略が（　　）ところです。

また、戦略がうまくいって勝ったときは（　　）気持ちになります。

さらに、友達と（　　）のもおすすめポイントです。

これから、もっと（　　）なって、（　　）大会に出たいです。


「また」「さらに」「だから」「しかし」のような接続語を使うと、文章の流れがはっきりするよ。

17 興味をもって取り組んでいることについて書く②

❶ あなたが今、興味をもって取り組んでいることを書きましょう。

例 ○ しょうぎ

❷ ❶で書いた中から、文章に書いて伝えたいことを一つ選んで、□に○を書きましょう。

どんなところが楽しいかや、やっているときの気持ちを具体的に思いうかべられることを選ぶといいよ。

❸ ❷で選んだことについて、質問に答えながらくわしく思い出して、〈メモ〉を書きましょう。

〈メモ〉

- 興味をもつようになったきっかけは何か。
- どんなところが楽しいのか。
- やっているとどんな気持ちになるか。
- おすすめのポイントは何か。
- これから、どうしたいか。

❹ ❸で〈メモ〉に書いたことをもとに、あなたが今、興味をもって取り組んでいることを、しょうかいする文章を書きましょう。

◀合うほうを◯で囲もう。

今、（わたし・ぼく）が興味をもって取り組んでいることは、（　　）です。

興味をもつようになったきっかけは、（　　）です。

「また」「さらに」「そして」などの接続語を使って、文章の流れをはっきりさせてみよう！

18 将《しょう》来《らい》の夢について書く①

将来の夢の書き方

将来の夢について書くときには、今の自分をよくふり返り、夢をかなえるためにどうしたいのかを示しましょう。

次のような手順で考えよう。

① なりたいものや、やりたいことを考えて将来の夢を決める。

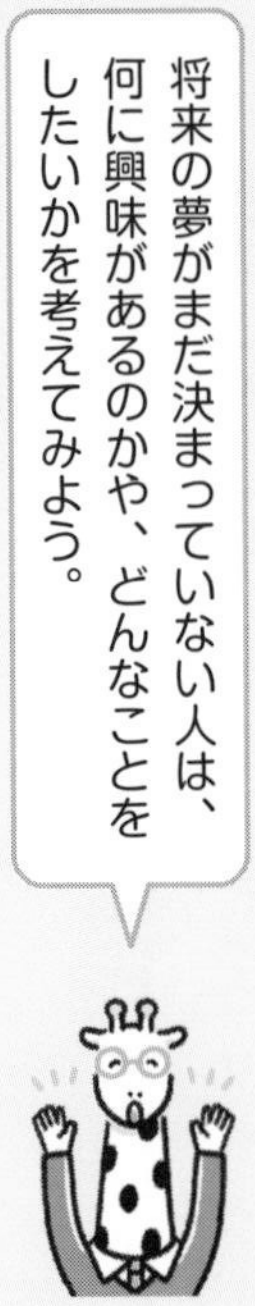
将来の夢がまだ決まっていない人は、何に興味があるのかや、どんなことをしたいかを考えてみよう。

② 夢についてくわしく考える。
・なぜその夢をもったのか。
・夢がかなったら、具体的にどんなことをしたいか。
・夢を実現するために、これからどんなことをするつもりか。

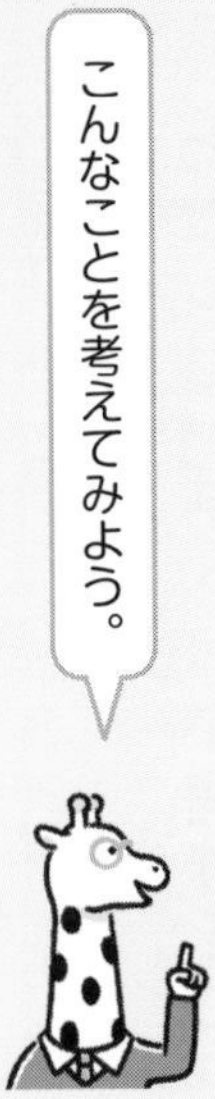
こんなことを考えてみよう。

❶ 次のまん画を見て、はるかさんの将来の夢について、（　）に合う言葉を書きましょう。

①
ゲームクリエイターになりたいと思った理由は何？
好きなゲームを作っている人のインタビュー記事を読んで、ゲームクリエイターの仕事に興味をもったからだよ。
②
ゲームクリエイターになったら、どんなことをしてみたいの？
世界中の人に楽しんでもらえるようなゲームを作りたいな。
③
ゲームの、現実では体験できないようなことを体験できるところが大好きなんだ。
わくわくして、あっとおどろくような体験ができるゲームにしたいんだ。
④
すてきな夢だね！
実現できるように、いろいろな経験をして、ゲームで表現できることを広げられるようにしたいと思っているよ。

③〈構成メモ〉を書く。

◆〈構成メモ〉の書き方

「はじめ」「中」「終わり」の組み立てで書いてみよう。

はじめ	・将来の夢は何か。 ・その夢をもつようになった理由。
中	・夢がかなったら、具体的にどんなことをしたいか。
終わり	・夢を実現するために、これからどんなことをするつもりか。

④〈構成メモ〉をもとに文章にまとめる。

わたしは、ゲームクリエイターに興味があるよ。
ぼくは、消防士になるのが夢なんだ。

・ゲームクリエイターになりたい理由

好きなゲームを作っている人の（　　）を読んで、ゲームクリエイターの仕事に興味をもったから。

・ゲームクリエイターになったら、どんなことをしたいか。

（　　）に楽しんでもらえるようなゲームを作りたい。（　　）して、あっとおどろくような体験ができるゲームにしたい。

・ゲームクリエイターになるために、これからどんなことをするつもりか。

いろいろな（　　）をして、ゲームで表現できることを広げられるようにしたい。

次は、考えたことを〈構成メモ〉にして、文章にまとめる練習をするよ。

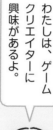

19 将来《しょうらい》の夢について書く②

1 〈はるかさんの構成メモ〉を見て、〈はるかさんの文章〉の（　）に合う言葉を書き、文章を完成させましょう。

〈はるかさんの構成メモ〉

はじめ	・将来の夢はゲームクリエイター。 ・好きなゲームを作っている人のインタビュー記事を読んで、ゲームクリエイターの仕事に興味をもったから。
中	・世界中の人に楽しんでもらえるようなゲームを作りたい。 ・わくわくして、あっとおどろくような体験ができるゲームにしたい。
終わり	・いろいろな経験をして、ゲームで表現できることを広げられるようにしたい。

文章に書くことをまとめたよ。

〈はるかさんの文章〉

はじめ／中／終わり

　わたしの将来の夢は、

（　　　　　　　）になることです。

好きなゲームを作っている人のインタビュー記事を読んで、ゲームクリエイターの仕事に興味をもったからです。

　もしゲームクリエイターになったら、世界中の人に（　　　　　）もらえるようなゲームを作りたいです。わくわくして、（　　　　　　　）ような体験ができるゲームにしたいです。

　そのために、いろいろな経験をして、（　　　　　　　）表現できることを広げられるようにしたいです。

② あなたの将来の夢を書きましょう。

職業ではなく、「困《こま》っている人を助けられるようになりたい」「犬やねこと暮《く》らしたい」など、したいことや、してみたい生き方を書いてもいいよ。

③ 次の質問に答えながら、あなたの将来の夢について考えてみましょう。

・どんなきっかけがあって、その夢をもつようになったのか。

・夢がかなったら、具体的にどんなことをしたいか。

・右のことをしてみたいのは、どうしてか。

・夢を実現するために、これからどんなことをするつもりか。

ここで考えたことをもとに、〈構成メモ〉を書いて、文章にまとめていくよ。

20 将《しょう》来《らい》の夢について書く③

❶ あなたの将来の夢について、41ページで書いたことを〈構成メモ〉にまとめましょう。

〈構成メモ〉

はじめ	◀将来の夢は何かを書こう。 ◀その夢をもつようになった理由を書こう。
中	◀夢がかなったらどんなことをしたいか、なぜしたいかなどを具体的に書こう。
終わり	◀夢を実現するために、これからどんなことをするつもりかを書こう。

❷ ❶の〈構成メモ〉を見て、文章を書きましょう。

▼合うほうを◯で囲もう。

▼あなたの将来の夢は何かを書こう。

（わたし・ぼく）の将来の夢は、（　　　　）です。

「はじめ」「中」「終わり」の組み立てを意識して書けたかな？

21 調べたことを書く①

意見文や報告文を書くための情報の集め方

自分の意見や考えを説明するときには、客観的な情報を集めて、それを用いて説明することで、説得力をもたせることができます。
情報の集め方を見ていきましょう。

◆情報の集め方や調べ方とその特ちょう

集め方・調べ方	特ちょう
図書館の本や新聞で調べる。	・専門家《せんもんか》の意見を知ることができる。 ・信らいできる情報が多い。
インターネットで調べる。	・世界中の最新情報をすぐに得られる。 ・いつでも情報を探《さが》すことができる。
インタビューする。	・質問や疑問《ぎもん》をその場で聞ける。 ・相手の考えや思いを聞ける。
アンケートを取る。	・全体のけい向を知ることができる。 ・回答数が多いほど信らい度が上がる。
実際に見て調べる。	・リアルな感想をもてる。 ・対象を実感できる。

1 次の内容は、どの情報の集め方の説明でしょう。[　]から選んで、（　）に記号を書きましょう。

（　）自宅にいても、最新の情報を簡単《かんたん》に知ることができる。

（　）相手の考えや思いを直接聞いたり、すぐに質問ができたりする。

（　）調べる対象について、リアルな感想をもてる。

（　）回答数が多いほど、情報の信らい度が上がり、全体のけい向がわかる。

（　）専門家などの信らいのできる情報を得られる。

ア 図書館の本や新聞で調べる。
イ インターネットで調べる。
ウ インタビューする。
エ アンケートを取る。
オ 実際に見て調べる。

◆情報を集めるときの注意点

★いつの情報かを確かめよう。

本…出版されてから時間がたっていると情報が古くなっている場合がある。

インターネット…最新の情報も過去の古い情報も出ているので日付を見る。

★だれが発信した情報かを確かめよう。

インターネットの情報は不正確なこともあるので、複数のウェブサイトで確認《かくにん》したり、信らいできるサイトで調べたりする。

信らいできるサイト

・国や都道府県などの公共機関のサイト
・新聞社や博物館などのサイト
・大手の企業《きぎょう》が運営するサイト　など

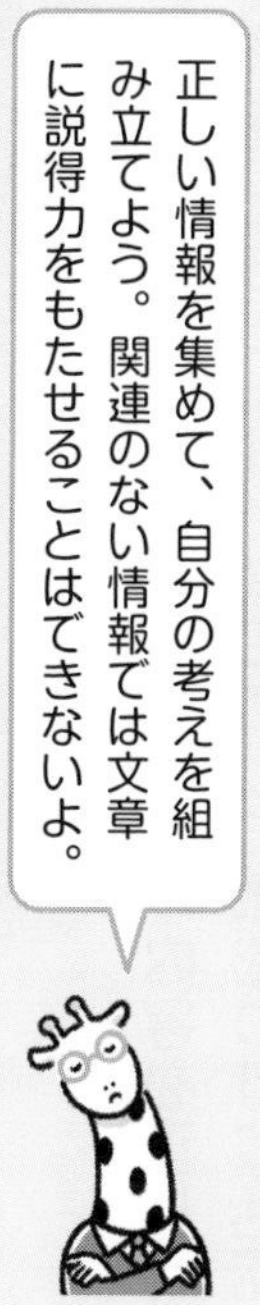
正しい情報を集めて、自分の考えを組み立てよう。関連のない情報では文章に説得力をもたせることはできないよ。

★自分の意見や考えに合う情報を選ぼう。

2 はるかさんは、「小学生の読書量」について調べて、報告する文章を書くことにしました。使うとよい資料をア～ウから二つ選んで、記号を○で囲みましょう。

ア

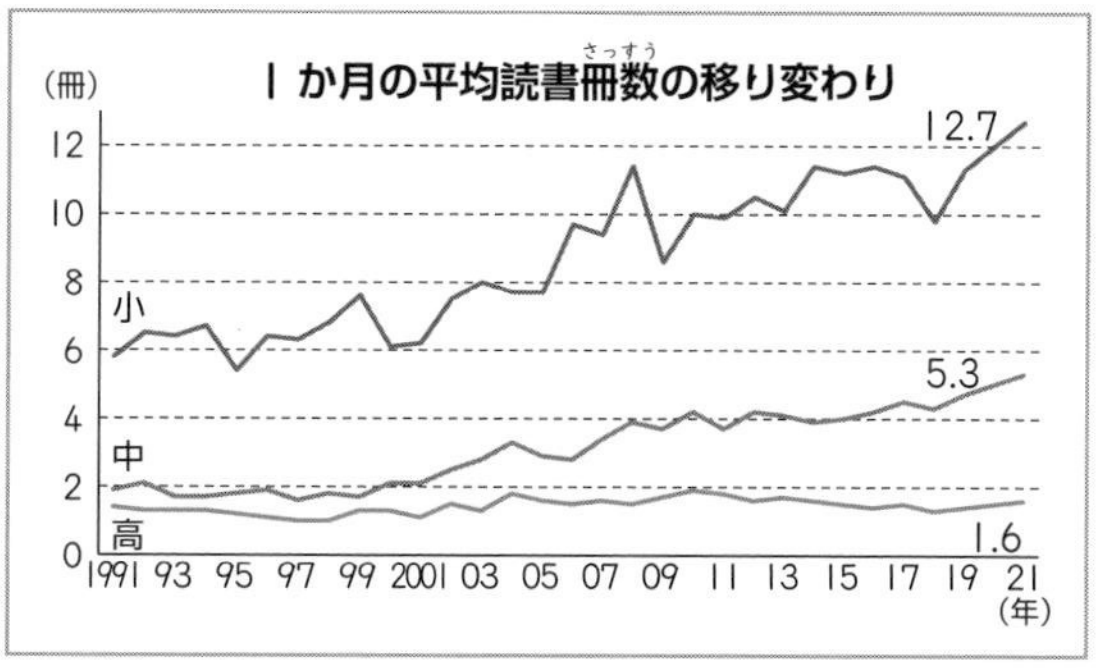
1か月の平均読書冊数《さっすう》の移り変わり
(冊)
12
10
8
6
4
2
0
小
中
高
12.7
5.3
1.6
1991 93 95 97 99 2001 03 05 07 09 11 13 15 17 19 21
(年)

イ

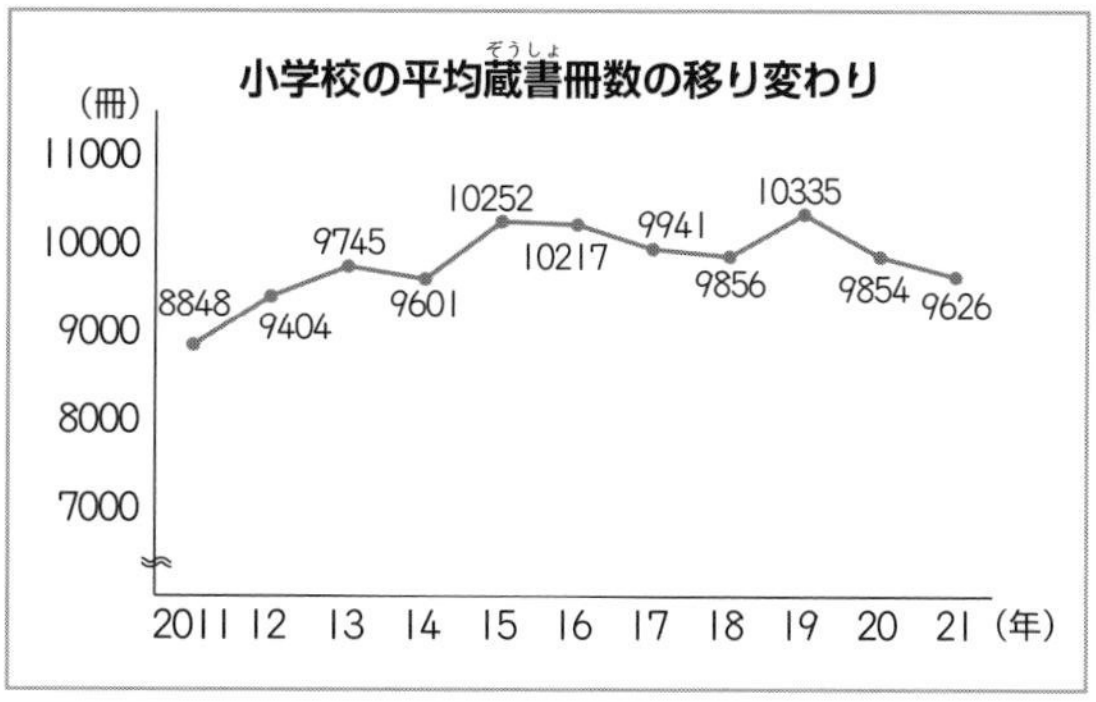
小学校の平均蔵書《ぞうしょ》冊数の移り変わり
(冊)
11000
10000
9000
8000
7000
8848
9404
9745
9601
10252
10217
9941
9856
10335
9854
9626
2011 12 13 14 15 16 17 18 19 20 21 (年)

ウ

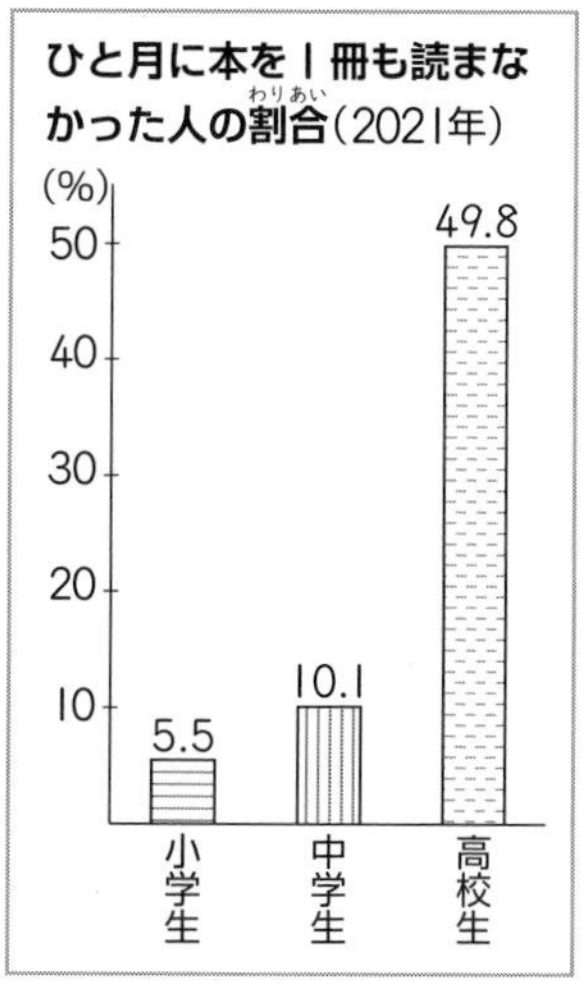
ひと月に本を1冊も読まなかった人の割合《わりあい》(2021年)
(%)
50
40
30
20
10
5.5
10.1
49.8
小学生
中学生
高校生

インターネットで集めたよ。

※ア～ウは全国学校図書館協議会「第66回学校読書調査」をもとに作成

22 調べたことを書く②

資料を活用して文章を書く方法①

資料を活用するときは、表やグラフの内容を正しく読み取る必要があります。次のことに気をつけて活用しましょう。

◆資料を読み取るときのポイント
・資料名を見て、何についての資料かを確認《かくにん》する。
・数値《すうち》の大きいところや小さいところ、全体のけい向に注目する。
・複数の資料があるときは、資料の内容を比べたり関連づけたりする。

◆資料から読み取ったことをメモにまとめておく。
・数値や言葉は正確に書く。
・調べていて、気づいたことはメモしておく。

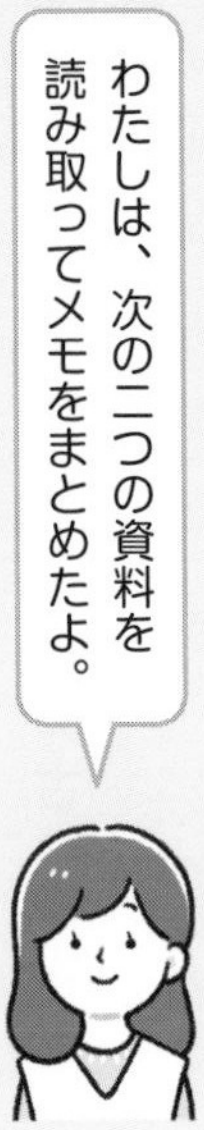
わたしは、次の二つの資料を読み取ってメモをまとめたよ。

例 「小学生の読書量」について

1 ゆうとさんは、次の資料の内容を読み取り、〈ゆうとさんのメモ〉に書きました。（　）に合う言葉や数字を書きましょう。

〈資料①〉

年代別の自転車事故の死傷者《ししょうしゃ》数（2021年）

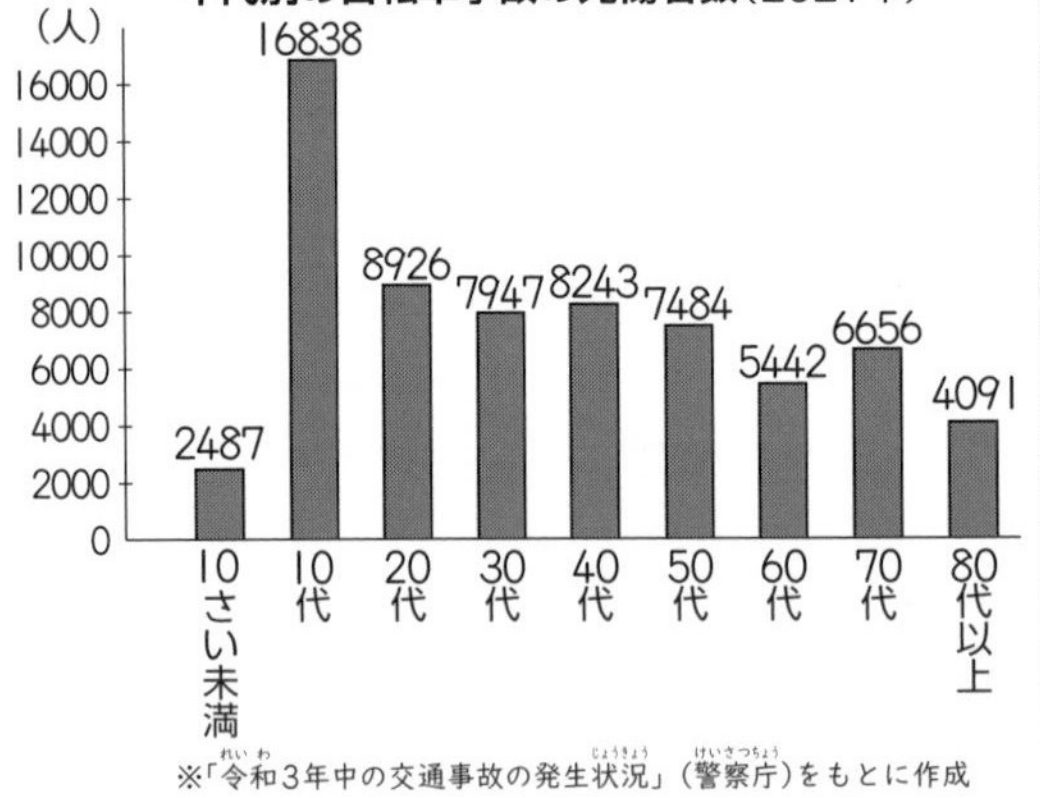
（人）
16000
14000
12000
10000
8000
6000
4000
2000
0
2487
16838
8926
7947
8243
7484
5442
6656
4091
10さい未満
10代
20代
30代
40代
50代
60代
70代
80代以上

※「令和《れいわ》3年中の交通事故の発生状況《じょうきょう》」（警察庁《けいさつちょう》）をもとに作成

〈資料②〉

自転車乗用中の事故の死傷者のヘルメット着用割合（2019年）

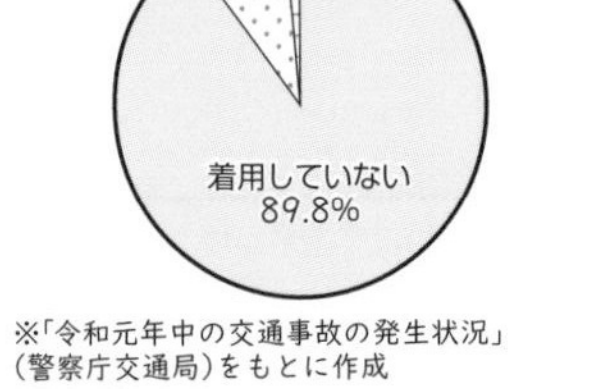
着用していた
9%
不明
1.2%
着用していない
89.8%

※「令和元年中の交通事故の発生状況」（警察庁交通局）をもとに作成

〈資料③〉

自転車事故でなくなった人がけがをした場所（2015～19年）

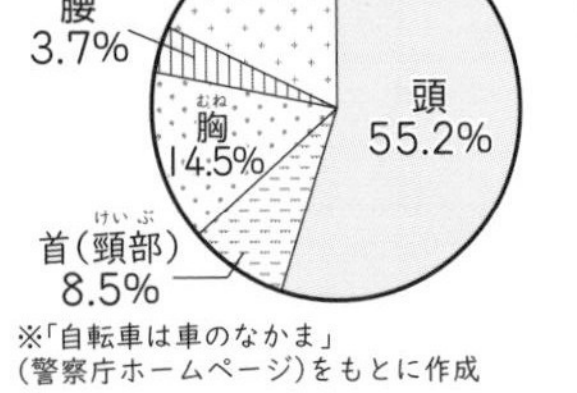
その他
18%
腰《こし》
3.7%
胸《むね》
14.5%
首（頸部《けいぶ》）
8.5%
頭
55.2%

※「自転車は車のなかま」（警察庁ホームページ）をもとに作成

〈はるかさんのメモ〉

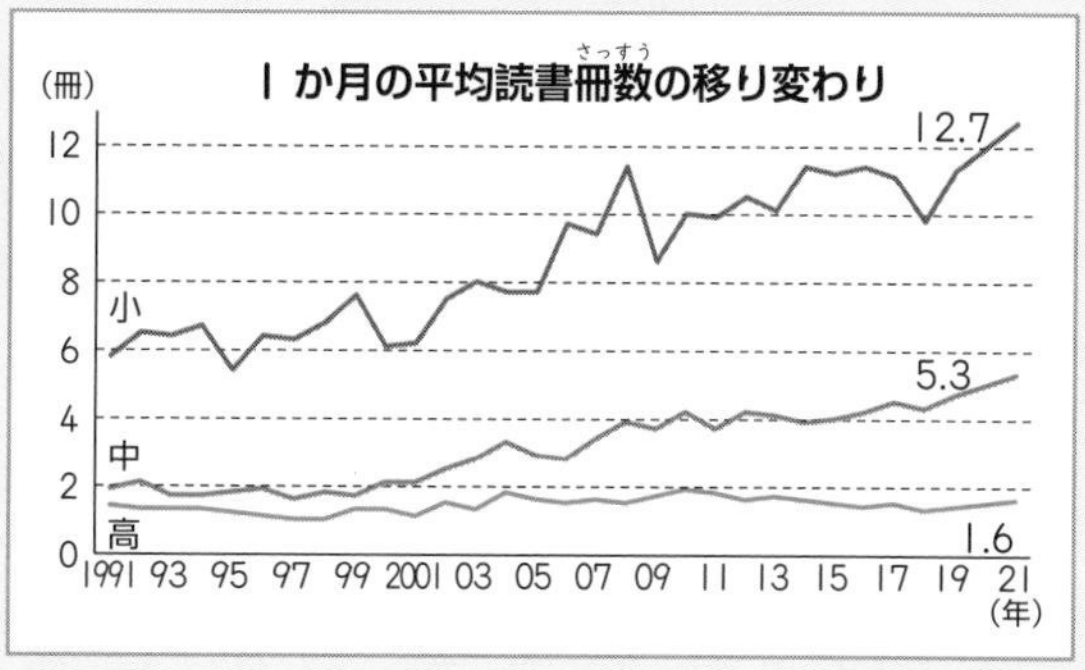

１か月の平均読書冊数《さっすう》の移り変わり
(冊)
12
10
8
6
4
2
0
小
中
高
12.7
5.3
1.6
1991 93 95 97 99 2001 03 05 07 09 11 13 15 17 19 21
(年)

●一か月の平均読書冊数の移り変わり
・小学生がいちばん多く十二・七冊（二〇二一年）。
・高校生がいちばん少なく一・六冊（二〇二一年）。
・小学生は一か月間の読書量が年々増加している。

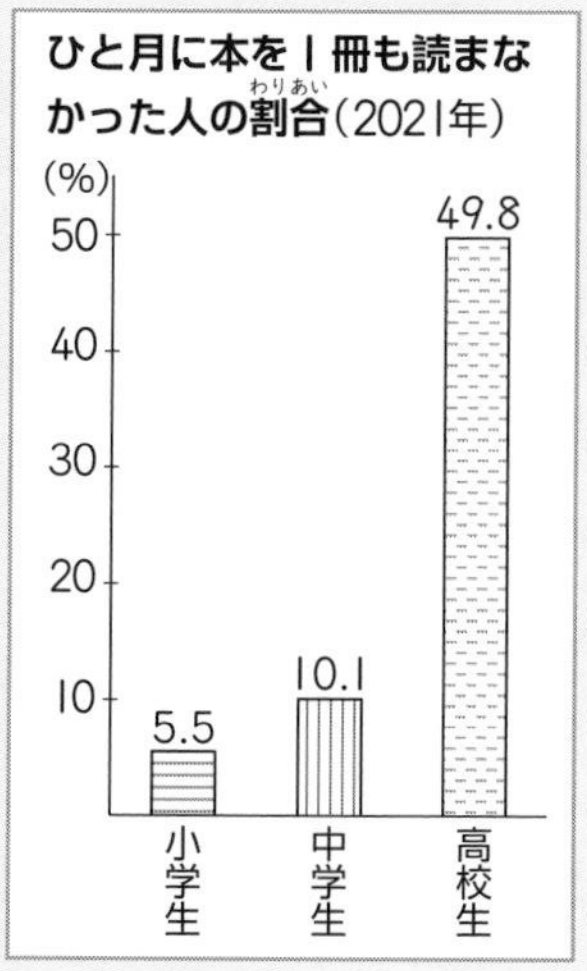

ひと月に本を１冊も読まなかった人の割合《わりあい》(2021年)
(%)
50
40
30
20
10
5.5
10.1
49.8
小学生
中学生
高校生

●一か月に本を一冊も読まない人の割合《わりあい》
・いちばん少ないのは、小学生の五・五％。
・いちばん多いのは、高校生の四九・八％。

●わかったこと・自分の考え……小学生がいちばん読書量が多いのは、中学生や高校生に比べて、自由時間が多いからかもしれない。

〈ゆうとさんのメモ〉

（資料①）　年代別の（　　）の死傷者数
・十代が最も多く、（　　）人。
・（　　）が最も少なく、二四八七人。

（資料②）　自転車乗用中の事故の死傷者のヘルメット着用割合
・（　　）％の人がヘルメットを着用していなかった。

（資料③）　自転車事故でなくなった人がけがをした場所
・頭のけがが最も多く、全体の（　　）％にあたる。

（わかったこと・自分の考え）

自転車に乗るときには、（　　）をかぶり頭を守ることが大切だ。特に十代は他の年代に比べて死傷者数が多いので、気をつけなくてはいけない。

23 調べたことを書く③

資料を活用して文章を書く方法②

資料を活用して自分の意見を文章に書くときには、次のような構成でわかりやすくまとめましょう。

◆文章の構成

はじめ	・何について調べたか ・調べたきっかけ
中	・調べてわかったこと どの資料からわかることかを書く。 数値《すうち》や言葉を正しく書く。 ・気づいたこと
終わり	・調べてわかったことをふまえた自分の考え

◆引用した資料の出典を資料の近くに書いておく。根きょをはっきりさせることが大切だよ。

① はるかさんは、「ニュースを知りたいときにどんなメディアを利用するか」について、次のような資料を集めました。

〈資料①〉

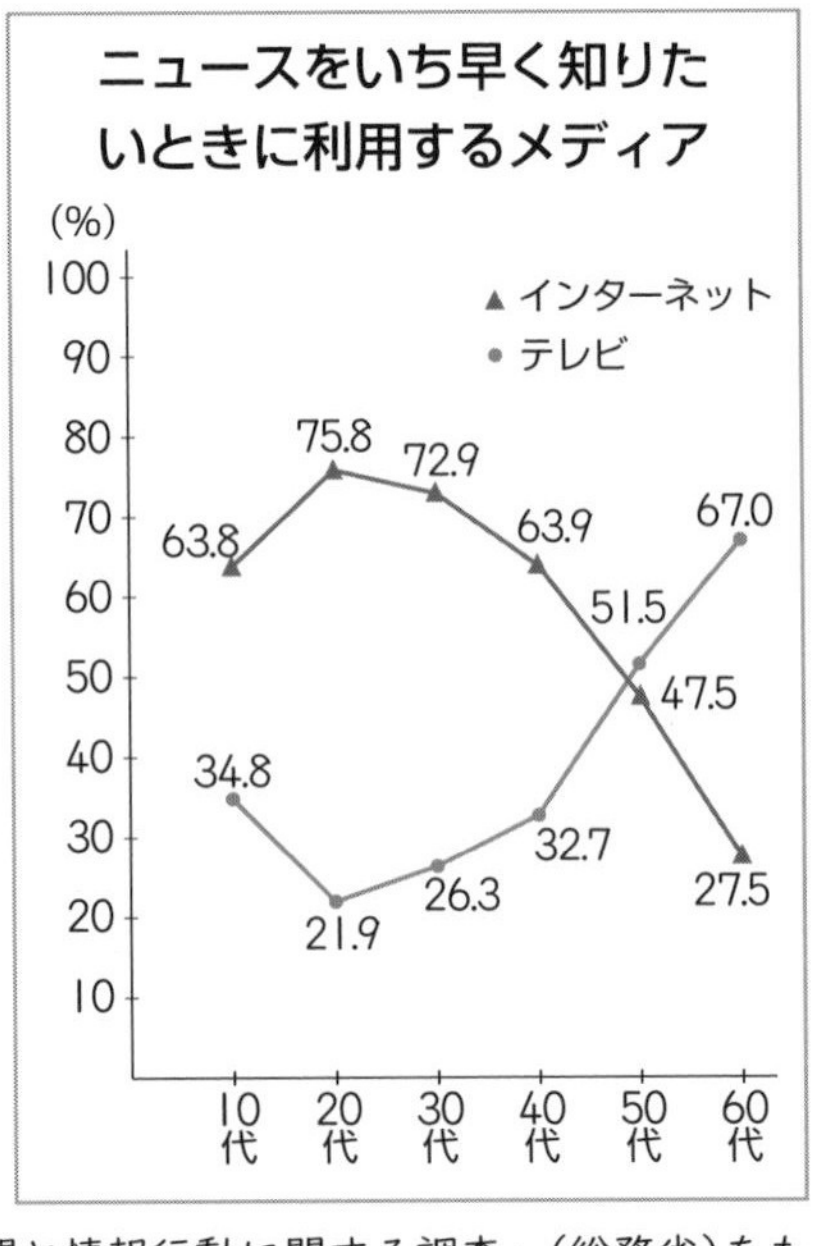

〈資料②〉

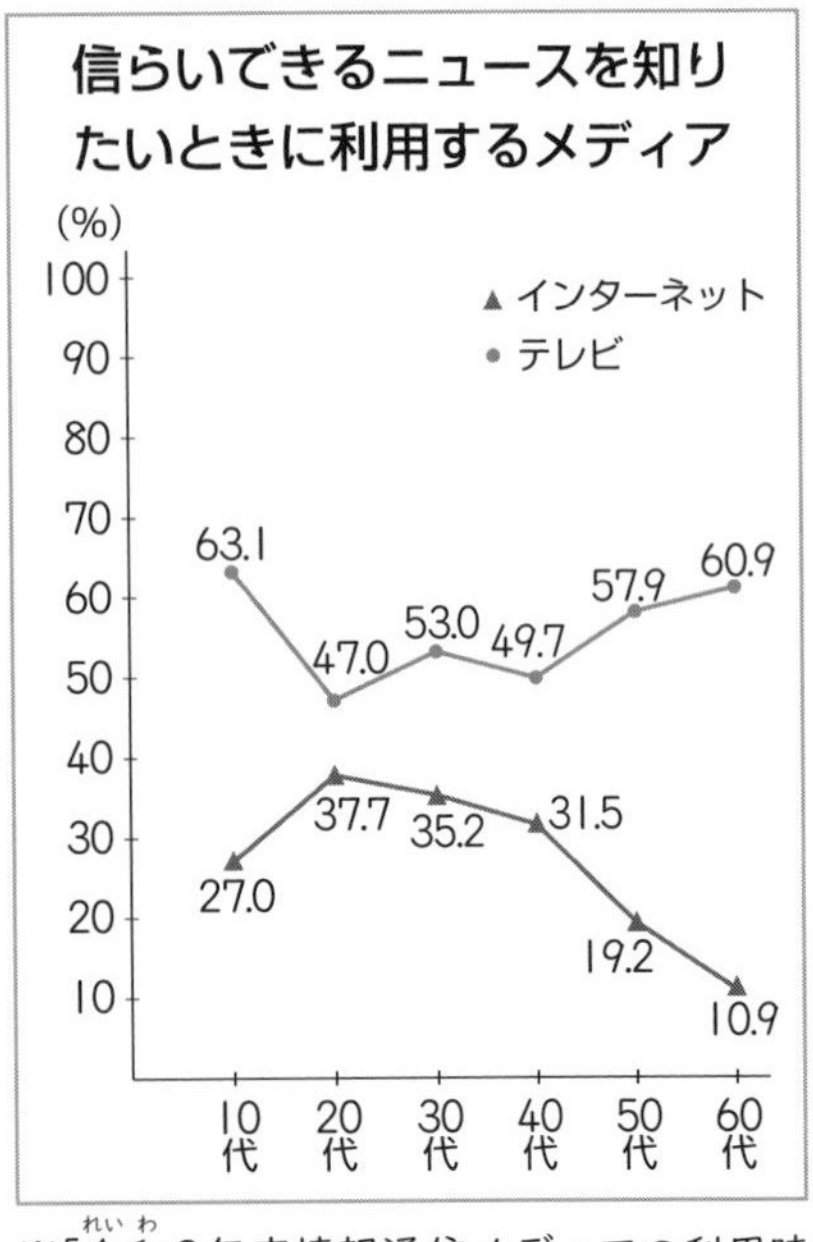

※「令和《れいわ》3年度情報通信メディアの利用時間と情報行動に関する調査」（総務省）をもとに作成

(1) はるかさんは、〈資料〉をもとに〈構成メモ〉を作りました。〈はるかさんの構成メモ〉を見て、〈はるかさんの意見文の一部〉の（　）に合う言葉を書きましょう。

〈はるかさんの構成メモ〉

はじめ

・ニュースをどんなメディアで知るか。
・きっかけは、祖母がテレビ、姉がインターネットでニュースを見ていたこと。

中

（資料①）「ニュースをいち早く知りたいときに利用するメディア」
・インターネットの利用率が最も高いのは、二十代の七五・八%。
・十代から四十代は、テレビよりもインターネットを使う人が多い。
（資料②）「信らいできるニュースを知りたいときに利用するメディア」
・すべての年代で、インターネットよりもテレビを使う人が多い。
（二つの資料からわかったこと）
・インターネットの利用率は、二十代がいちばん高く、世代が上がるにつれて低くなる。
・五十代、六十代はテレビを使う人が多い。

終わり

・若《わか》い世代は、目的に合わせてインターネットとテレビを使い分けているのではないだろうか。

〈はるかさんの意見文の一部〉

資料①は、「ニュースを（　　）に利用するメディア」を世代別に示しています。十代から四十代は、（　　）よりも（　　）を利用していることがわかります。特に、二十代が（　　）。

資料②は、（　　）。

すべての年代で（　　）。

二十代がいちばんインターネットの利用率が高く、（　　）ことがわかりました。五十代、六十代では、テレビを使う人が多いです。

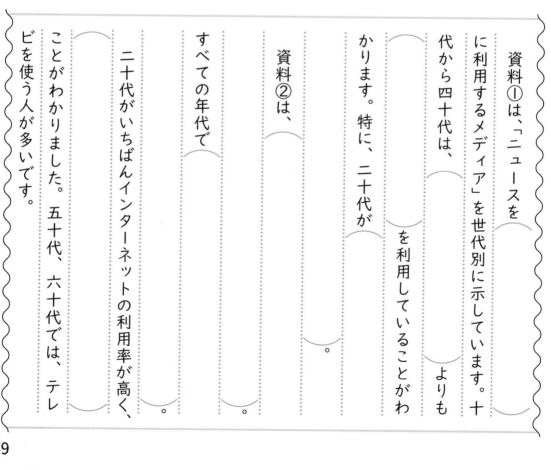

1

(1) 「食品ロスの問題」について調べて、報告する文章を書きます。次の二つの〈資料〉の内容を読み取り、〈構成メモ〉を書きましょう。

〈資料①〉

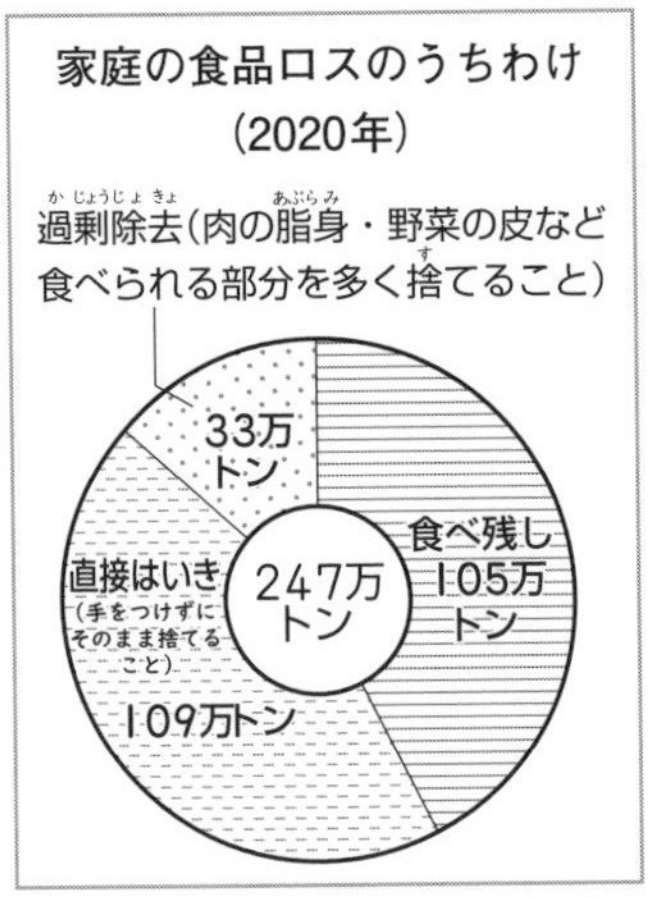
家庭の食品ロスのうちわけ
(2020年)
過剰除去《かじょうじょきょ》(肉の脂身《あぶらみ》・野菜の皮など食べられる部分を多く捨《す》てること)
33万トン
食べ残し 105万トン
直接はいき(手をつけずにそのまま捨てること)
109万トン
247万トン

直接はいきと食べ残しがほとんどだね。
残さずに食べることに取り組んでいる人がいちばん多いみたいなのに。

〈資料②〉

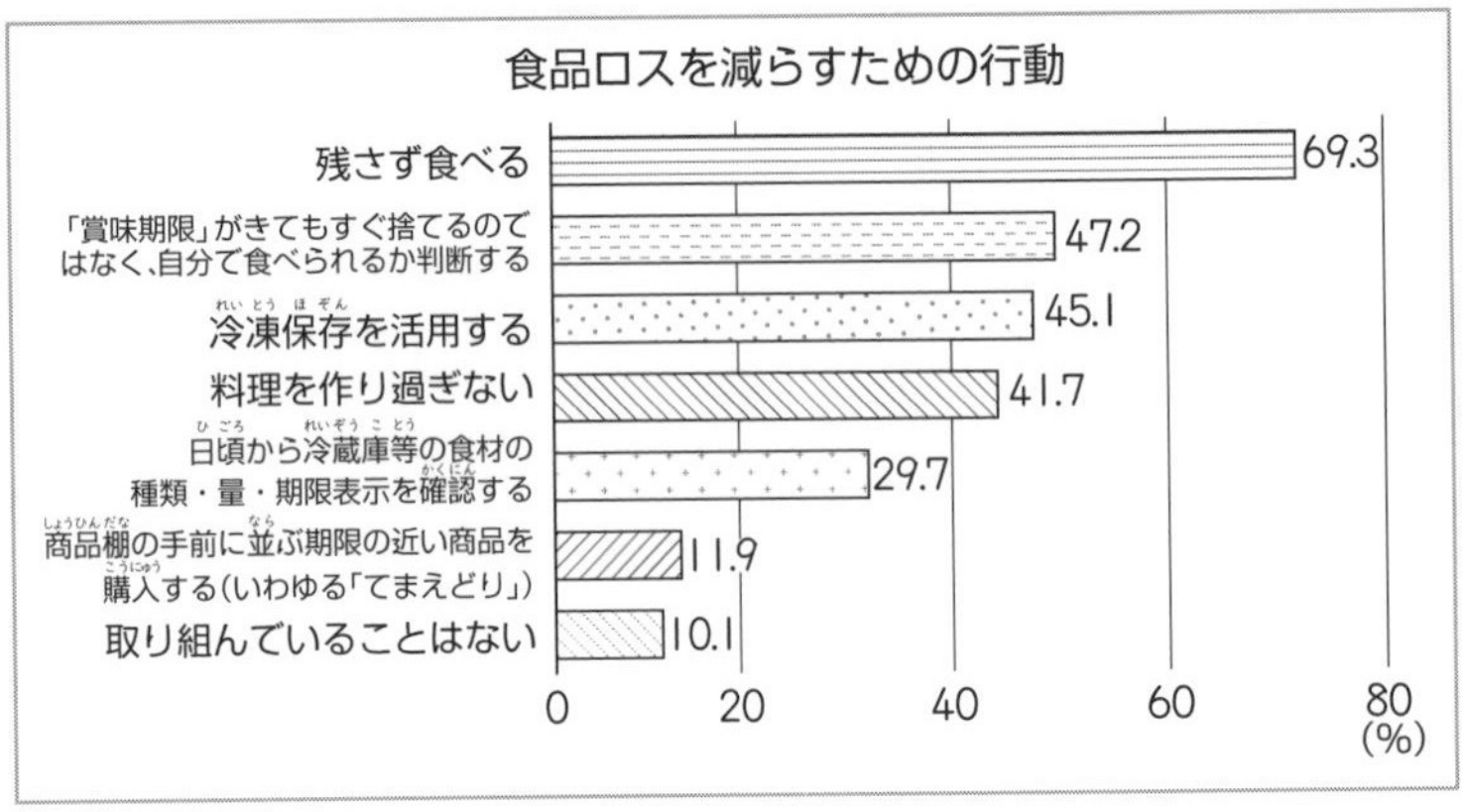
食品ロスを減らすための行動
残さず食べる 69.3
「賞味期限」がきてもすぐ捨てるのではなく、自分で食べられるか判断する 47.2
冷凍保存《れいとうほぞん》を活用する 45.1
料理を作り過ぎない 41.7
日頃《ひごろ》から冷蔵庫《れいぞうこ》等の食材の種類・量・期限表示を確認《かくにん》する 29.7
商品棚《しょうひんだな》の手前に並《なら》ぶ期限の近い商品を購入《こうにゅう》する(いわゆる「てまえどり」) 11.9
取り組んでいることはない 10.1
0
20
40
60
80
(%)

〈構成メモ〉

はじめ

- 何について調べたか・調べたきっかけ
  - ・食品ロスの問題について
  - ・個人で取り組めることを調べたい

中

- 調べた内容・調べてわかったこと
  - 資料① 「家庭の食品ロスのうちわけ」
  - 資料② 「食品ロスを減らすための行動」
  - 二つの資料から気づいたことは？

終わり

- 調べたことをふまえた自分の考え

※資料①「食品ロス削減《さくげん》ガイドブック」令和《れいわ》4年度版をもとに作成(消費者庁《ちょう》)
資料②「消費者の意識に関する調査」令和3年度版をもとに作成(消費者庁)

(2) (1)の〈構成メモ〉にまとめたことをもとにして、文章を書きましょう。

「食品ロス」とは、まだ食べられる食品が捨てられてしまう問題のことです。二〇二〇年に家庭から出た食品ロスは二四七万トンで、これは、国民一人《ひとり》が毎日おにぎりを一個捨てている量になります。とてももったいないです。そこで、個人で取り組めることはないか調べることにしました。

資料①は、家庭から出る食品ロスのうちわけを表したものです。

資料②は、

25 気になるニュースを伝える①

自分が新聞記事を読んで、興味をもったニュースについてしょうかいするときには、どんなニュースでどのように感じたかをはっきり伝えましょう。

気になるニュースについて伝える

◆新聞記事の構成をおさえて、「いつ」「どこで」「だれが」「何を」「なぜ」「どのように」の六つのポイントをとらえる。

◆自分がいちばん印象に残ったのはどこか、それはなぜかを考える。

◆その記事を読んで感じたこと、考えたこと、学んだことは何かを考える。

同じ話題について書かれた複数の記事を読み比べると、考えが深まるよ。

◆文章は次のような構成でまとめるとよい。

はじめ	何のニュースについてか
中	・記事の内容 ・印象に残ったこととその理由
終わり	まとめ・感想や考え

〈新聞記事の構成の例〉

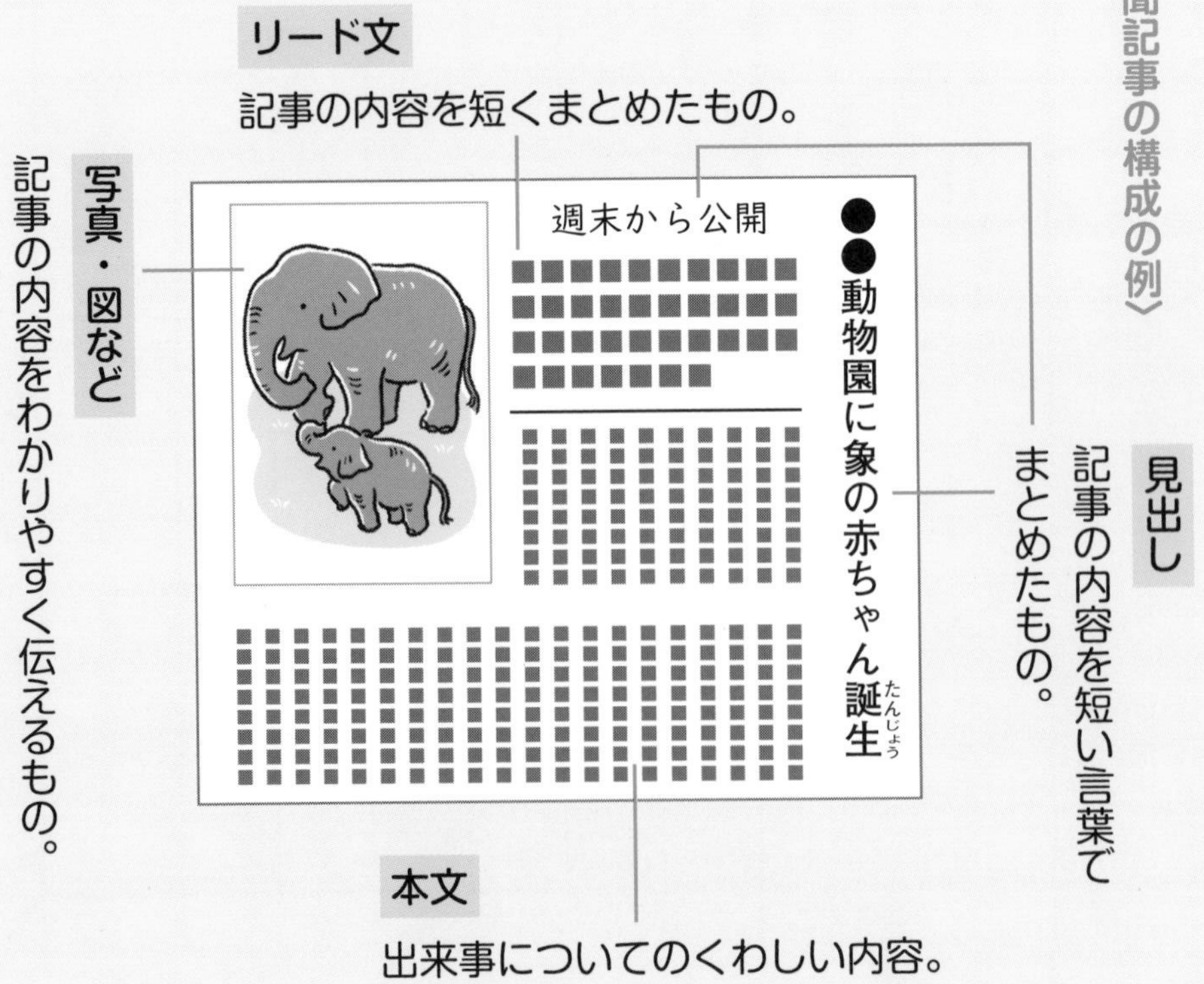
見出し
記事の内容を短い言葉でまとめたもの。
リード文
記事の内容を短くまとめたもの。
写真・図など
記事の内容をわかりやすく伝えるもの。
本文
出来事についてのくわしい内容。
●●動物園に象の赤ちゃん誕生《たんじょう》
週末から公開

1 次の新聞記事を読んで問題に答えましょう。

心地《ここち》よいつまみ 調《しら》べてイグ・ノーベル賞《しょう》

松崎元《まつざきげん》さん（千葉工業大学教授《ちばこうぎょうだいがくきょうじゅ》）

人々《ひとびと》を笑《わら》わせ、考《かんが》えさせる研究《けんきゅう》におくられる「イグ・ノーベル賞《しょう》」。今年《ことし》は、つまみを回《まわ》すときの指《ゆび》の使《つか》い方《かた》を研究《けんきゅう》し、使《つか》い心地《ここち》のよさを調《しら》べた千葉工業大学教授《ちばこうぎょうだいがくきょうじゅ》の松崎元《まつざきげん》さんたちが「工学賞《こうがくしょう》」に選《えら》ばれました。（浴野朝香《えきのあさか》）

右手に賞金の「10兆ジンバブエドル紙幣」、左手に「トロフィー」を持つ松崎元さん。ジンバブエドルはすでに廃止された通貨で価値がなく、「トロフィー」は印刷して自分で組み立てます

写真はどれも松崎元さん提供

蛇口のハンドルにもいろいろなデザインのものがあります

20年前《ねんまえ》の研究《けんきゅう》／だまされているかと

受賞《じゅしょう》した研究《けんきゅう》は、松崎《まつざき》さんが大学院生《だいがくいんせい》だった20年《ねん》以上前《いじょうまえ》に取《と》り組《く》んだものです。受賞《じゅしょう》の連絡《れんらく》はメールで来《き》たそうですが、松《まつ》崎《ざき》さんは「最初《さいしょ》はだまされているのかと思《おも》いました。本当《ほんとう》だとわかってからもずいぶん昔《むかし》の研《けん》究《きゅう》だったので驚《おどろ》きました」と笑《わら》います。

大学院《だいがくいん》では、身《み》の回《まわ》りの道具《どうぐ》と、それを人間《にんげん》がどのように操《そう》作《さ》するかを研究《けんきゅう》していました。たとえば水道《すいどう》の蛇口《じゃぐち》。最近《さいきん》は上《じょう》下《げ》に動《うご》かすレバーハンドルが主《しゅ》流《りゅう》ですが、20年以上前《ねんいじょうまえ》にはつまんで回《まわ》すタイプのハンドルがたくさんあり、関心《かんしん》を持《も》ちました。

調《しら》べてみると、同《おな》じ大《おお》きさでも、指《ゆび》をかける溝《みぞ》の数《かず》がちがうなど、さまざまなデザインのものがあることがわかりました。

そこで、蛇口《じゃぐち》に限《かぎ》らず、つまんで回《まわ》すという動作《どうさ》をする場合《ばあい》、どんなデザインが使《つか》いやすいか実験《じっけん》することにしました。

実験《じっけん》では、つまみの代《か》わりに木製《もくせい》の円柱《えんちゅう》を45本準備《ほんじゅんび》しました。45本《ほん》はどれも直径《ちょっけい》がちがい、7ミリから13センチまで少《すこ》しずつ大《おお》きくなっています。この45本《ほん》すべてを30人以上《にんいじょう》の学生《がくせい》に上《うえ》からつまんで回《まわ》してもらい、動《どう》画《が》で撮影《さつえい》しました。

実験《じっけん》を重《かさ》ねると、つまみの直《ちょっ》径《けい》によって使《つか》う指《ゆび》の本数《ほんすう》が変《か》わることがわかりました。直径《ちょっけい》2センチのものなら、ほとんどの人《ひと》が3本《ぼん》の指《ゆび》を使《つか》い、3センチや4センチなら4本《ほん》、5、6センチをこえると5本《ほん》すべてを使《つか》っていました。

さらに、同《おな》じ直径《ちょっけい》のつまみなら、多《おお》くの人《ひと》がだいたい同《おな》じ位《い》置《ち》に指《ゆび》を置《お》くこともわかりました。このことから、つまみの直《ちょっ》径《けい》に対《たい》して、使《つか》う指《ゆび》の数《かず》とつまみの溝《みぞ》の位置《いち》が合《あ》っていると、使《つか》いやすくなるという結論《けつろん》になりました。

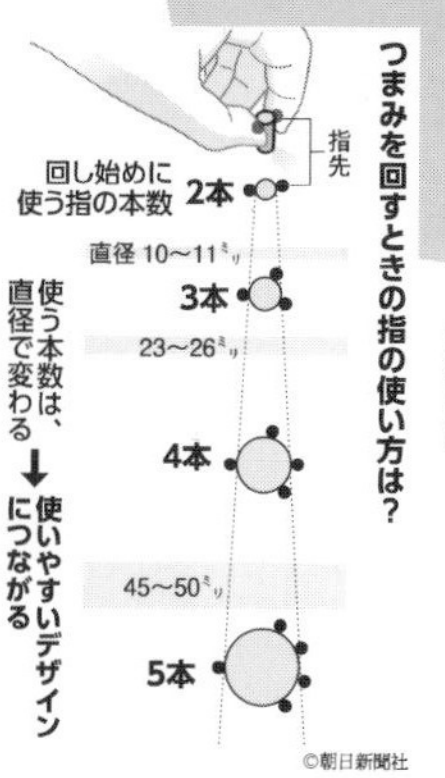

つまみを回すときの指の使い方は？
指先
回し始めに使う指の本数
2本
直径 10〜11ミリ
3本
23〜26ミリ
4本
45〜50ミリ
5本
使う本数は、直径で変わる
↓
使いやすいデザインにつながる

「朝日小学生新聞」二〇二二年九月三十日 より

---

(1) だれが、何をしたことを伝える記事でしょう。

だれ……（　　　　）

何をした……二〇二二年の（　　　　）の工学賞を受賞した。

(2) どのような研究について書かれていますか。

つまみを回すとき、どのような（　　　　）が使いやすいかを調べる研究をした。

その結果、つまみの（　　　　）に対して、使う（　　　　）とつまみの（　　　　）が合っていると使いやすいことがわかった。

(3) 賞に選ばれたことを知ったとき、どのように思ったと書かれていますか。

最初は（　　　　）のかと思ったが、事実だとわかっても、（　　　　）以上前の研究だったから、おどろいた。

26 気になるニュースを伝える②

❶ 53ページの記事について、はるかさんたちが話しています。やり取りを読んで、記事をしょうかいする文章を書くための〈構成メモ〉を書きましょう。

記事を読んで、印象に残ったことはある？

つまみの直径と使う指の本数に関係があるという研究結果にびっくりしたよ。

研究結果が、使いやすいつまみのデザインにつながっていることもすごいね。

記事を読んで、どんなことを考えた？

手の大きさは人によってちがうのに、つまみを回すときに、ほとんどの人が同じ指を使うということが不思議だったよ。

ぼくは、身近な研究によって、いろいろなものが便利になっているんだなあと思ったよ。

〈構成メモ〉

はじめ	中		終わり
何のニュースについてか	記事の内容	印象に残ったこととその理由	まとめ・感想や考え
イグ・ノーベル賞を受賞した研究について。	松崎元《まつざきげん》さんが、使いやすい（　　　）について調べた研究でイグ・ノーベル賞の工学賞を受賞した。研究では、つまみの直径に対して、使う指の数とつまみのみぞの位置が合っていると（　　　）ことがわかった。	（　　　）	（　　　）◀記事を読んで感じたこと、考えたこと、学んだことを書こう。

2 **1**の〈構成メモ〉にまとめたことをもとに、記事をしょうかいする文章を完成させましょう。

何のニュースについてか

記事の内容

印象に残ったこととその理由

まとめ・感想や考え

▼合うほうを◯で囲もう。

（ぼく・わたし）は、「（　　　　）を受賞した研究」についての記事をしょうかいします。

この記事では、（　　　　）ことが書かれています。研究では、つまみの直径に対して、使う指の数とつまみのみぞの位置が合っていると使いやすいことがわかりました。

記事を読んで印象に残ったのは、（　　　　）

（　　　　）

最後に、「みなさんも、ぜひ記事を読んでみてください。」など、おすすめする言葉を書いてもいいよ。

27 文章を読んで意見文を書く①

文章を読んで自分の意見を伝える文章を書くときは、次のような手順で考えましょう。

① 文章で述べられている筆者の主張を読み取る。

「〜と考える。」などの文末表現にも気をつけて、事実か考えかを読み分け、主張をとらえよう。

② 文章のテーマについて、自分の体験や見聞の具体例を探《さが》そう。

テーマについての自分の体験や見聞が、自分の主張の根きょになるよ。見つけたら、メモに書いておこう。

① 次の文章を読んで、問題に答えましょう。

おもしろいネズミの実験を紹介《しょうかい》します。

ゴールにたどりつくルートが7通りある迷路をつくり、ネズミがもっとも短いルートを見つけるのに何日かかるかを調べました。とちゅうに行き止まりをつくるなど、ゴールまでの道を複雑にし、複数のネズミで実験を重ねたところ、期間は3〜18日と差はあるものの、どのネズミもいちばん短いルートを見つけることができました。このとき、最短ルートを見つけるのが早かったのは、行き止まりにぶつかった回数が多いネズミでした。また、「初期に」いろいろなまちがいをたくさんしたネズミのほうが、いちばん短いルートや*効率的なまわり道を見つけられることもわかりました。

(中略)

失敗したほうが、いい結果を得られたのはなぜなのか——。立ち止まって失敗をふりかえり、反省することによって行動を修正する。そのことが脳《のう》を成長させたのではないかと、ぼくは考えています。

大人になると、失敗がゆるされないときもあります。でも、人生の初期にあるみんなは、失敗をおそれる必要はありません。「まちがえてラッキー」と思うくらいでちょ

③ 体験や見聞をもとに、自分の考えをはっきりさせよう。

◆文章を読んで意見文を書くときは、次のような構成でまとめるとよい。

はじめ	筆者の主張とそれをふまえた自分の主張
中	主張の根きょになる、自分の体験や見聞の具体例
終わり	まとめと自分の主張

「はじめ」と「終わり」で、主張をはっきりと伝えるんだね。

意見文の文章構成は、次の3つがあるよ。今回はウの型で書こう。

意見文の文章構成

ア　意見を「はじめ」で述べる。
イ　意見を「終わり」で述べる。
ウ　意見を「はじめ」と「終わり」で述べる。

うどいいのです。

＊効率的…むだがなく進む様子。

『モヤモヤそうだんクリニック』池谷裕二《いけがやゆうじ》著《ちょ》（NHK出版）

(1) 何について書かれた文章でしょう。

（　　　　）することのよさについて。

(2) 筆者の主張はどんなことですか。

失敗が脳を成長させるので、人生の初期では、（　　　　）必要はないということ。

(3) 筆者は、(2)の根きょとしてどんなことを挙げていますか。

実験によって、（　　　　）にぶつかった回数が多いネズミや、「初期に」いろいろなまちがいを（　　　　）したネズミのほうが、最短ルートや効率的なまわり道を見つけられることがわかったこと。

根きょとして実験の例を挙げているから、説得力のある主張になっているね。

28 文章を読んで意見文を書く②

1 56〜57ページの文章を読んで、「失敗することのよさ」について、あなたの考えをまとめましょう。

(1) 失敗についての、あなたの体験を書きましょう。

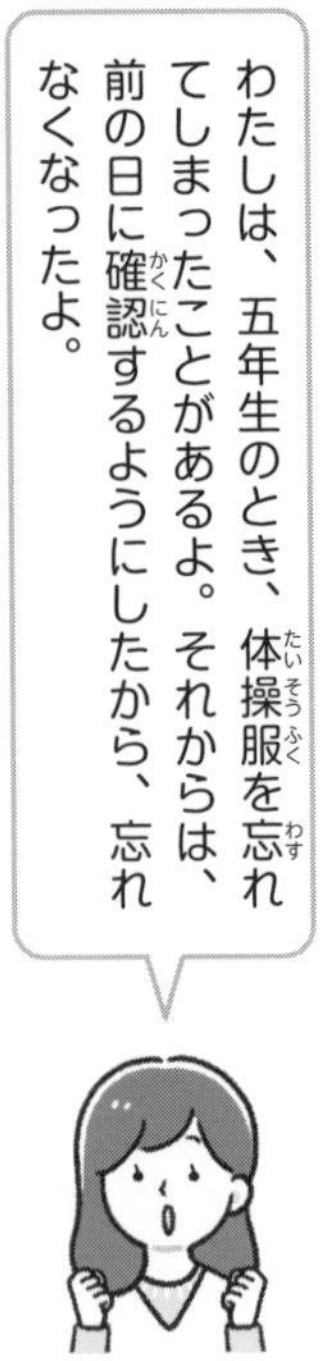

(2) あなたは、「人生の初期では、失敗をおそれる必要はない」という筆者の考えについてどう思いますか。

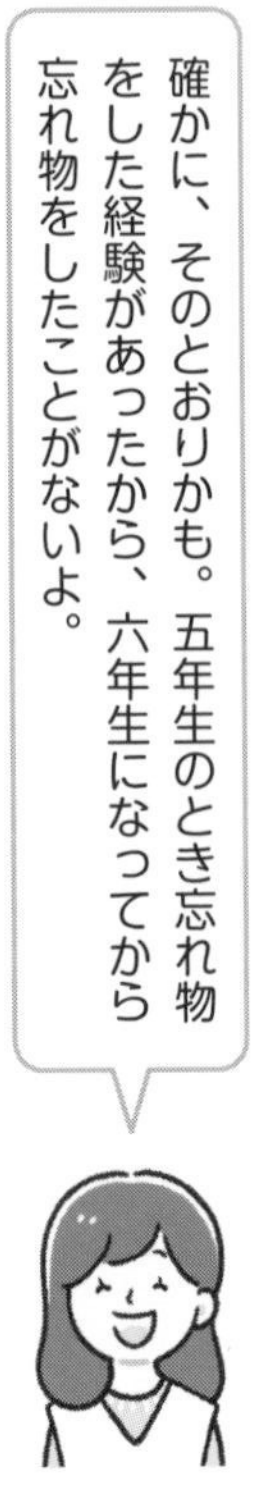

(3) 「失敗することのよさ」について、筆者の考えや、あなたの体験をふまえて、あなたの考えを書きましょう。

2 **1**で書いたことをもとに、「失敗することのよさ」について、あなたの考えを文章に書きましょう。

筆者の主張と、自分の主張

文章の中で、筆者は、「人生の初期にあるみんなは、失敗をおそれる必要はありません」と述べています。

主張の根きょになる体験や見聞の具体例

まとめと自分の主張

考えは、「〜と考えます。」「〜と思います。」など、考えだとわかる文末表現を使って書こう。

29 立場を決めて意見文を書く①

立場を決めて意見文を書くときの書き方

立場を決めて意見文を書くときには、読む人が納得《なっとく》するように説得力をもたせることが大切です。次のように考えましょう。

① 自分の立場（主張）を決める。

それぞれの立場のよいところ、よくないところを考えて決めよう。

② 自分がその立場に決めた理由を考える。
・読む人が納得するように具体的な根きょを示そう。

③ 他の立場から考えを見直して、予想される反論《はんろん》と、反論に対する考えをまとめる。

自分とはちがう立場の人になったつもりで反論を考えてみると、自分の考えも深まるよ。

④ **〈構成メモ〉**を考える。

⑤ 意見文を書く。

---

1 「外国語の映画《えいが》は、字幕《じまく》で見るのがよいか、ふきかえで見るのがよいか」というテーマについて、あなたの考えに合う立場に○を書きましょう。

（　　）字幕で見るのがよい。

（　　）ふきかえで見るのがよい。

わたしは、字幕で見るのがいいと思う！

2 1のように考える理由と根きょを書きます。主張を支える理由と、読む人が納得するような具体的な根きょを、あなたの体験や、見聞きしたことから探《さが》して書きましょう。

・理由

・根きょ

次のページの〈はるかさんの例〉も参考にしよう。

③ ②で考えた理由に対して予想される反論と、それに対するあなたの考えを書きましょう。

わたしは、こんなふうに考えたよ。

〈はるかさんの例〉

- 立場　字幕で見るのがよい。
- 理由　演じている俳優《はいゆう》さん自身の声で楽しめるから。
- 根きょ
  ふきかえだと、声のイメージがちがって、映画の世界に入りこめないことがある。
- 予想される反論
  ふきかえでも、その役に合うように工夫《くふう》されている場合が多い。
- 予想される反論に対する考え
  演じている本人の声ならば、ふきかえが合っているかどうかを気にする必要がなく、映像と声の組み合わせを自然に楽しむことができる。

反論と、それに対する考えを示すと、説得力が増すね。

予想される反論は、きみの選んだ立場に対してではなく、きみが考えた理由に対する反論を考えて書くよ。

自分がちがう立場だったらどうかなと考えてみるといいんだね。

- 予想される反論

- 予想される反論に対する考え

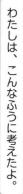

30 立場を決めて意見文を書く②

1 「外国語の映画《えいが》は、字幕《じまく》で見るのがよいか、ふきかえで見るのがよいか」というテーマについて、60・61ページで書いたあなたの意見を〈構成メモ〉にまとめましょう。

メモを書いたら、全体がつながっているか、確かめよう。

〈構成メモ〉

はじめ

主張

外国語の映画は、（字幕で見る・ふきかえで見る）のがよい。

◀合うほうを◯で囲もう。

中

理由と根きょ

理由（　　　）

根きょ（　　　）

予想される反論《はんろん》とそれに対する考え

反論（　　　）

反論に対する考え（　　　）

終わり

まとめ・主張

◀理由のどんな点が主張につながるかをふまえて、主張をもう一度書こう。

（　　　）という点から、外国語の映画は、（　　　）のがよい。

2 1の〈構成メモ〉で書いたことをもとに、意見文を書きましょう。

わたしはこんなふうに書いたよ。

〈はるかさんの文章〉

主張

理由と根きょ

予想される反論とそれに対する考え

まとめ・主張

　わたしは、外国語の映画は、字幕で見るのがよいと思います。

　なぜなら、演じている俳優《はいゆう》さん自身の声で楽しむことができるからです。以前、ふきかえで映画を見たときに、声のイメージがちがって、映画の世界に入りこめなかったということがありました。

　ふきかえでも、その役に合うように工夫《くふう》されている場合が多いかもしれません。しかし、演じている本人の声ならば、ふきかえが合っているかどうかを気にする必要がなく、映像と声の組み合わせを自然に楽しむことができます。

　演じている本人の声で自然に楽しむことができるという点から、外国語の映画は、字幕で見るのがよいと思います。

反論は、「～かもしれません。」、それに対する考えは、「しかし、～」などの表現を使おう。

◀合うほうを○で囲もう。

（ぼく・わたし）は、外国語の映画は、（　　）のがよいと思います。

なぜなら、

◀まとめ・主張を書こう。

（　　）という点から、

外国語の映画は、（　　）のがよいと思います。

31 ポスター・パンフレットを作る①

ポスター・パンフレットの特ちょう

調べたことを図や表などを使ってわかりやすく説明する方法として、ポスターやパンフレットがあります。それぞれの特ちょうをおさえて活用しましょう。

〈パンフレット〉

題材について調べた情報を冊子《さっし》にまとめたものだよ。

見出し・小見出し 文章で伝えたいことを短い言葉でまとめる。

リード文 このページの導入を入れてもよい。

写真・図 文章の内容に合うものを入れて、読み手を引きつける。

自然災害に備えよう！

日本は、自然災害が多い国です。だからこそ、しっかり備えましょう。

台風の通り道にある日本

台風は、赤道付近の海上で発生し、北上してきます。ちょうど、日本はその通り道にあります。

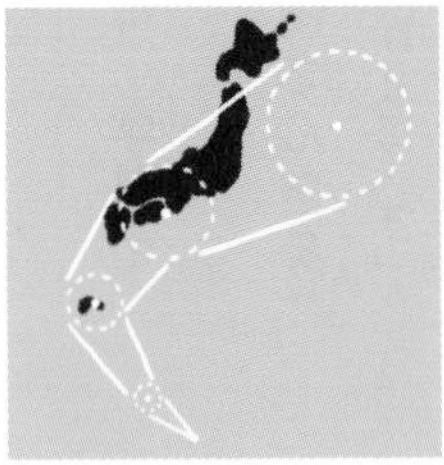

① ゆうとさんは、歴史を学んでいるクラスの友達《ともだち》に、日本各地にある城のよさを伝えるためのパンフレットを作ることにしました。〈パンフレットの構成〉と〈あるページの割り付け〉を見て、後の問題に答えましょう。

〈パンフレットの構成〉

表紙・題名	日本の城
2ページ	日本の名城ベスト3
3ページ	日本の城と世界遺産《いさん》
4ページ	戦国武将《ぶしょう》と城
5ページ	天守閣《てんしゅかく》の秘密《ひみつ》
6ページ	城を守るしかけ
7ページ	城と城下町
裏表紙	まとめ・参考資料

城のよさが伝わる情報を選んで取り上げてみたよ。

◆パンフレットは、伝えたいことをはっきりさせて、それが伝わる構成や割《わ》り付《つ》けにしよう。ページごとに書く内容を決め、それに合った写真や図などの配置を考えるよ。

例 パンフレットの割り付け

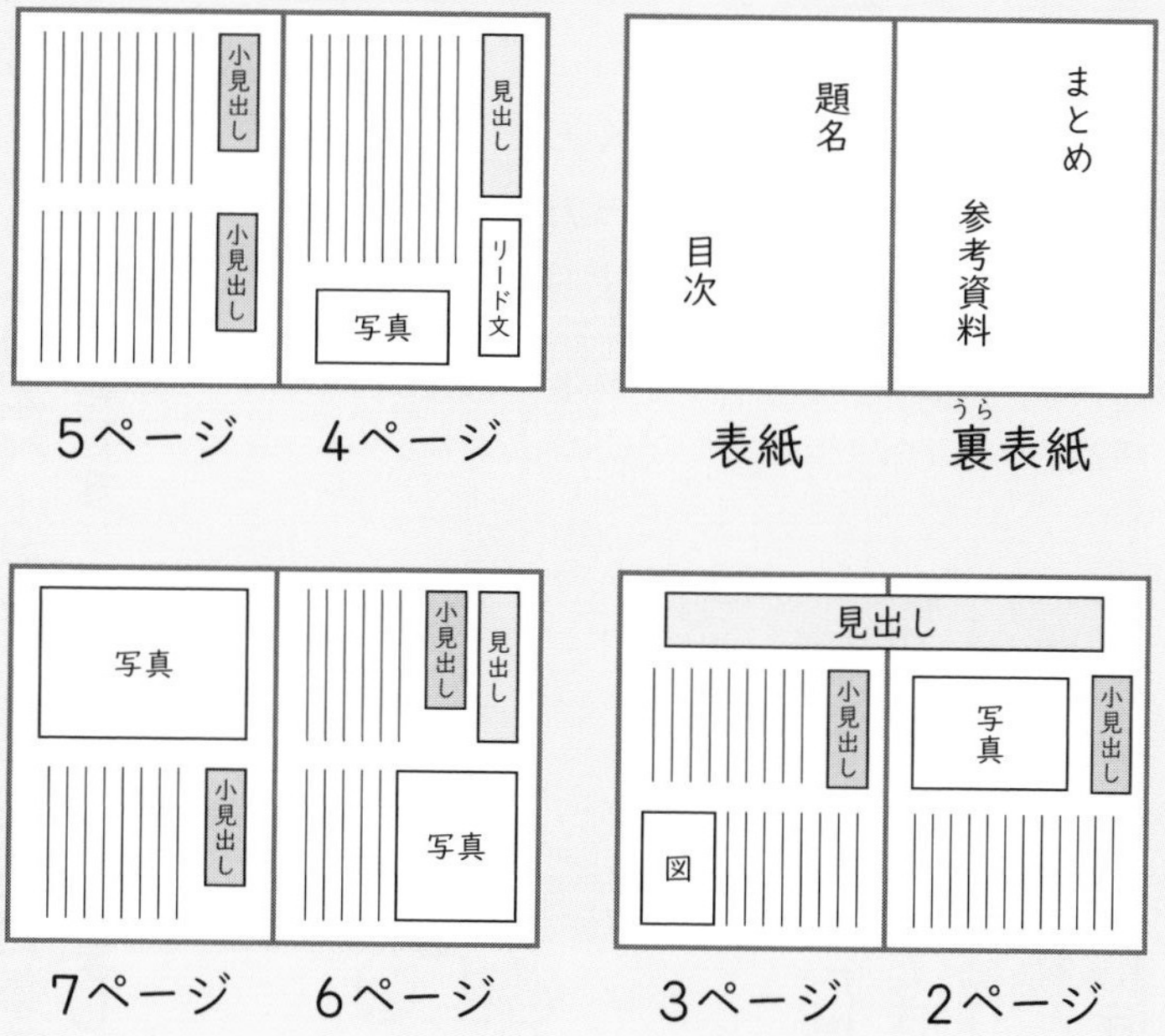

まとめ
参考資料
題名
目次
裏《うら》表紙
表紙
見出し
小見出し
写真
図
小見出し
3ページ
2ページ
見出し
リード文
写真
小見出し
小見出し
5ページ
4ページ
見出し
小見出し
写真
写真
小見出し
7ページ
6ページ

〈ポスター〉
伝えたい情報を一枚《まい》の紙にまとめたものだよ。紙面が限られるため、伝えたい相手や内容に応じて情報をしぼりこもう。

〈あるページの割り付け〉

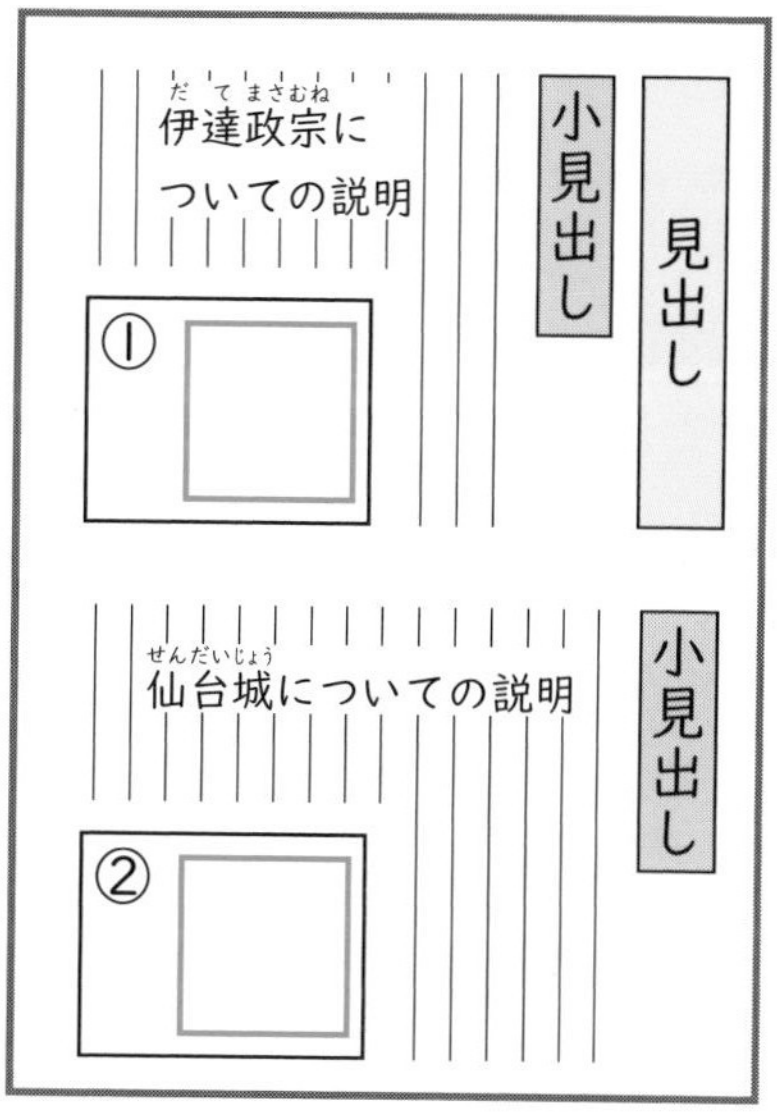

見出し
小見出し
伊達政宗《だてまさむね》についての説明
①
小見出し
仙台城《せんだいじょう》についての説明
②

(1) 〈あるページの割り付け〉は、〈パンフレットの構成〉の何ページのものでしょう。

（　　）ページ

(2) 〈あるページの割り付け〉の①・②に合う絵をア～ウから選んで、□に記号を書きましょう。

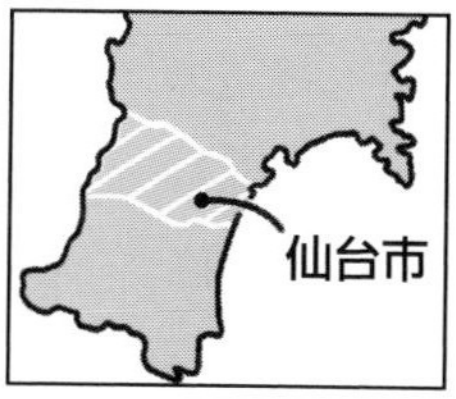

仙台市

ア 仙台市の地図

イ 伊達政宗の像

ウ 仙台城のやぐら

32 ポスター・パンフレットを作る②

1 次の情報は、ゆうとさんが「日本の城のよさ」を伝えるパンフレットの4ページ目を書くために集めた「仙台《せんだい》城《じょう》」についての情報です。後の問題に答えましょう。

〈集めた情報〉

仙台城
関ヶ原《せきがはら》の戦いの後，伊達政宗《だてまさむね》によりつくられた城。青《あお》葉《ば》山と広瀬《ひろせ》川に囲まれた守りに強い城だった。青葉城ともいわれている。明治《めいじ》時代の火災などにより焼失。

「日本の城大図鑑《ずかん》」より

仙台城があった場所から、仙台市を一望できて、いいながめなのよ。城はなくなってしまったけれど、お城の石がきと、昭和《しょうわ》時代に復元された、「大手門脇《おおてもんわき》やぐら」は残っているのよ。

仙台市在住のおばさんの話

(1) 上の〈集めた情報〉を見て、仙台城についてわかる内容を〈メモ〉に書きましょう。

〈メモ〉

仙台城について
・関ヶ原の戦いの後、伊達政宗がつくった。

(2)① 〈パンフレット〉の伊達政宗についての説明を読んで、アに合う小見出しを考えて書きましょう。

② (1)で書いた〈メモ〉をもとに、仙台城をしょうかいする文章を書きましょう。

〈パンフレット〉

伊達政宗と仙台城

ア

伊達政宗は、東北地方の実力ナンバーワンの戦国武将《ぶしょう》です。「独眼竜《どくがんりゅう》」の呼《よ》び名《な》で知られ、戦国時代から江戸《えど》時代にかけて活やくしました。

若《わか》いときは戦《いくさ》が続きましたが、江戸時代になると、六十二万石をおさめる仙台藩主《はんしゅ》となりました。和歌や茶の湯、能なども楽しむ文化人でした。

伊達政宗公の騎馬像《きばぞう》

仙台城ってどんなお城？

復元された「大手門脇やぐら」

33 お願いの手紙を書く①

お願いの手紙の書き方

お願いの手紙を書くときは、お願いの具体的な内容とその理由をはっきりさせて、次の形式で書きましょう。

〈手紙の形式〉

前文	初めのあいさつ ・時候のあいさつ（季節の言葉） ・自己《じこ》しょうかい
本文	用件 ・お願いの具体的な内容 ・理由 ・希望日時や見学人数など ・相手の都合を聞く
末文	結びのあいさつ ・協力をお願いする言葉や相手の健康を気づかう言葉
後付け	・日付 ・自分の名前 ・相手の名前

本文を具体的に書くと、手紙の目的がはっきり伝わるよ。

1 はるかさんは、地元のスーパーマーケットに見学のお願いをする手紙を書くことになりました。〈はるかさんのメモ〉を見て、（　）に合う言葉を書き、〈はるかさんのお願いの手紙〉を完成させましょう。

〈はるかさんのメモ〉

手紙を出す相手		ニコニコマーケット中町《なかまち》店の田中三太《たなかさんた》さん
用件	お願いの具体的な内容	店を見学して、店長の話を聞きたい。
	見学したい理由	・学校の授業で、流通の仕組みを学んでいる。 ・消費者と直接関わるスーパーマーケットの仕事について調べることになった。
	見学希望日	十一月四日　午後
	見学人数	五名

見学をお願いする手紙は、こちらの希望を伝えるだけでなく相手の都合を聞くことも必要だよ。

例 見学のお願いをする手紙

残暑の厳《きび》しい日が続いています。
初めまして。わたしは、中央《ちゅうおう》小学校六年の山《やま》
下《した》絵里《えり》と申します。
今、社会科の授業で昔から伝わるお祭りにつ
いて学んでいます。わたしたちの班《はん》では、四日《よっか》
市市《いちし》のお祭りで人気のある「大入道《おおにゅうどう》」について
調べることになりました。
そこで、大入道の歴史についてくわしくお話
を聞かせていただけないでしょうか。
十月八日の午前中に、六名で見学にうかがい
たいのですが、ご都合はいかがでしょうか。
どうかよろしくお願いいたします。
九月十日
中央小学校　山下　絵里
三重《みえ》伝統資料館
上田和美《うえだかずみ》様

前文　本文　末文　後付け

◆書くときに気をつけること
・手紙の目的がはっきり伝わるように、用件をくわしく書く。
・「申します」「いただけないでしょうか」「うかがいたい」などの敬語《けいご》を用いて、ていねいに書く。

〈はるかさんのお願いの手紙〉

さわやかな秋風がふくようになりました。
初めまして。わたしは、中央小学校六年の大野《おおの》
はるかと（　　）。
今、学校の授業で、（　　）に
ついて学んでいます。わたしたちの班は、消費者
と直接関わるスーパーマーケットの仕事について
調べることになりました。
そこで、
（　　　　）
（　　）見学に
うかがいたいのですが、ご都合はいかがでしょうか。
どうかよろしくお願いいたします。
十月十日
中央小学校　大野　はるか
ニコニコマーケット中町店
田中三太様

34 お願いの手紙を書く②

電子メールの書き方

電子メールには手紙のような決まった形式はありませんが、相手に用件が伝わるようにわかりやすく書くのは、手紙と同じです。

例 お願いをする電子メールの書き方

メールアドレスは正しく。

あて先　▼▲@▲▲.▲▲.jp

件名　伝統資料館の見学について

用件を短くまとめる。

最初に相手の名前を書く。

三重《みえ》伝統資料館　上田和美《うえだかずみ》様

こんにちは。
わたしは、中央《ちゅうおう》小学校6年の山下絵里《やましたえり》と申します。

用件

今、社会科の授業で昔から伝わる祭りについて学んでいます。わたしたちの班《はん》では、四日市市《よっかいちし》の祭りで人気のある「大入道《おおにゅうどう》」についてくわしく調べることになりました。

そこで、大入道の歴史についてくわしくお話を聞かせていただけないでしょうか。

10月8日の午前中に、6名で見学にうかがいたいのですが、ご都合はいかがでしょうか。
どうかよろしくお願いします。

最後に自分の名前と連絡《れんらく》先を書く。

中央《ちゅうおう》小学校　6年　山下　絵里
電話　000-000-0000
電子メール　＊＊@＊＊＊.＊＊.jp

---

1 ゆうとさんは、班の代表として見学のお願いの電子メールを出すことになりました。次の〈メモ〉を見て、次ページの〈電子メール〉を完成させましょう。うすい字はなぞりましょう。

〈メモ〉

手紙を出す相手	用件：お願いの具体的な内容	用件：見学したい理由	用件：見学希望日	用件：見学人数
和《わ》田《だ》農園の和田健三《けんぞう》さん	・農園の見学 ・和田さんにインタビューをさせてほしい。	・総合学習で、地元の特産品について学んでいる。 ・りんごの育て方やはん売について調べている。	七月三日　午前中	五名

〈電子メール〉

あて先　▼▲@▲▲.▲▲.jp

件名

（　　　　　　　　　　）様

こんにちは。
ぼくは、中央小学校6年の木村《きむら》ゆうとと申します。

見学したい理由

お願いの具体的な内容

見学希望日・見学人数

お願いの言葉

（どうかよろしくお願いいたします。）

中央小学校　6年　木村　ゆうと
電話　000-000-0000
電子メール　＊＊@＊＊＊.＊＊.jp

段落《だんらく》のはじめは1字下げとするかわりに1行空けて書くと読みやすくなる。
電子メールを送信する前に、まちがいや失礼な言葉づかいがないかを確かめよう。

35

一年間をふり返って書く①

一年間をふり返る文章の書き方

一年間の学校生活をふり返って心に残っていることを書くときは、自分の体験を具体的に書くことが大切です。どんなことがあったか、よく思い出し、次のような手順で取り組みましょう。

① 一年間の学校生活をふり返って、心に残っていて、伝えたいことを決める。

一年間でどんなことがあったかな？四月から順に思い出してみよう。

② 具体的にどんなことがあったか、そのときどう思ったかを思い出す。

③ その体験には自分にとってどんな意味があったか、何を学んだか、これからどういかしていきたいかを考える。

④ 伝えたいことを〈構成メモ〉にまとめる。

⑤ 表現を工夫《くふう》して文章を書く。

① ゆうとさんが、一年間の学校生活をふり返って心に残っていることを〈構成メモ〉にまとめました。〈ゆうとさんの構成メモ〉を見て、（　）に合う言葉を書き、〈ゆうとさんの文章〉を完成させましょう。

〈ゆうとさんの構成メモ〉

はじめ	心に残っていることは、委員会活動に上級生として参加したこと。
中	・下級生に活動の内容を教える立場になったが、うまく説明できるだろうかと心配だった。 ・どうしたらわかりやすい説明になるかを考えて、準備をした。 ・説明のあと、下級生から、「わかりやすかったです。活動をがんばります。」と言われ、安心した。
終わり	・準備することの大切さを学んだ。 ・これからも、人に何かを伝えるときには、しっかりと準備をしてのぞみたい。

気持ちを表す言葉は「心配だった」「安心した」だけではないよ。自分の気持ちにぴったりの言葉を探《さが》して使ってみよう。

◆一年間をふり返って書く作文は、次のような構成でまとめましょう。

「はじめ」「中」「終わり」の組み立てで書いてみよう。

〈構成メモ〉の書き方

はじめ	心に残っているのはどんなことか。 心に残っていることの具体的な内容
中	・どんなことがあったか。 ・そのときの気持ち。
終わり	・その体験にはどんな意味があったか。 ・そこから何を学んだか。 ・これからどういかしていきたいか。

一年間、いろいろなことがあったよね。

しっかり思い出して作文にするぞ！

〈ゆうとさんの文章〉

はじめ

ぼくの心に残っていることは、（　　　　）に上級生として参加したことだ。

中

今年は、下級生に活動の内容を教える立場になった。活動の内容を（　　　　）だろうかと、どきどきして気持ちが落ち着かなかった。そこで、どうしたらわかりやすい説明になるかを考えて、説明の準備をした。説明のあと、下級生から、「（　　　　）です。活動をがんばります。」と言われ、ほっとして、胸《むね》をなでおろした。

終わり

ぼくはこの体験から、（　　　　）の大切さを学んだ。
これからも、人に何かを伝えるときには、しっかりと準備をしてのぞみたい。

36 一年間をふり返って書く②

❶ 一年間の学校生活をふり返って、あなたがいちばん心に残っていることは何ですか。一つ選んで○で囲みましょう。あてはまるものがないときは、(　)に書きましょう。

運動会　遠足　学習発表会

社会科見学　授業参観　プール

音楽会　委員会活動　クラブ活動

授業　給食　休み時間　そうじ

(　　　　　　　　)

❷ ❶で決めたことについて、文章を書くための〈構成メモ〉を書きましょう。

〈構成メモ〉

はじめ
・心に残っていることは何か。

中
・心に残っていることの具体的な内容

終わり
・体験の意味や学んだこと、これからどういかしたいか。

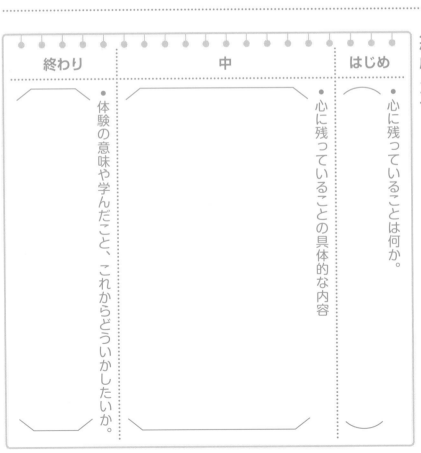

3 ②で書いた〈構成メモ〉をもとに、一年間の学校生活をふり返って心に残っていることについて、作文を書きましょう。

心に残っていることとは何か

心に残っていることの具体的な内容

学んだことや、これからにどういかしたいか など

▼合うほうを〇で囲もう。

（わたし・ぼく）の心に残っていることは、（　　　　）です。

気持ちを表す言葉を使うときは、ぴったりの言葉を見つけてみよう！

37 中学生活への抱《ほう》負《ふ》を書く①

中学生活への抱負を書く作文の書き方

あなたが、中学生活で取り組みたいこと、がんばりたいことを文章に書きましょう。

作文を書くときは、これまでの体験や経験から理由を具体的に書くことが大切だよ。

例　中学生活への抱負を書く作文の構成

はじめ	・中学生活で取り組みたいこと、がんばりたいこと
中	・そのように思う理由 ・具体的な体験 ・そのときの気持ち
終わり	・どんな自分になりたいか ・どんな中学生活にしたいか

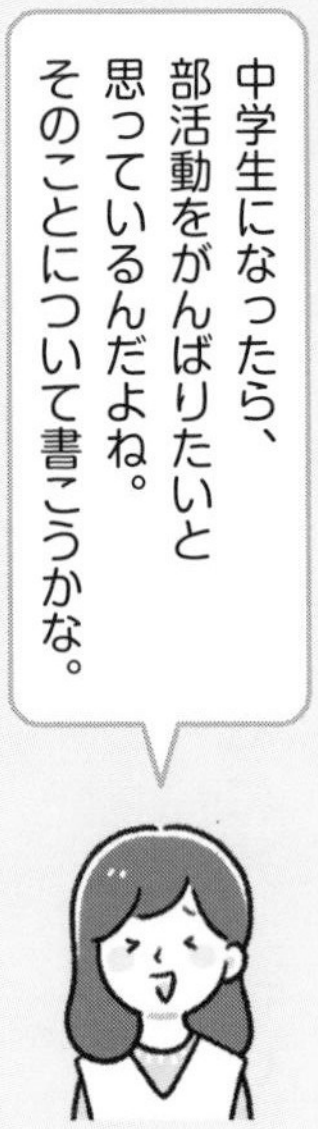

1 はるかさんは、中学生活への抱負について、〈構成メモ〉をまとめました。〈はるかさんの構成メモ〉を見て、〈はるかさんの文章〉の（　）に合う言葉を書きましょう。

〈はるかさんの構成メモ〉

はじめ	●中学生活で取り組みたいこと、がんばりたいことは？ 部活動
中	●そのように思う理由は？ ・バスケットボール部の姉のようになりたいから。 ●具体的な体験とそのときの気持ちは？ ・姉は、早起きが苦手なのに朝練へ行く。 ・練習でつかれていても、自主練習をする。 ・姉が「バスケットボールが大好きだし、レギュラーになりたいしね。」と言った。 ・姉を「かっこいいな。」と思った。
終わり	●どんな自分になりたい？　どんな中学生活にしたい？ ・姉のように部活動に打ちこみたい。 ・じゅう実した中学生活を送りたい。

〈はるかさんの文章〉

中学生活で取り組みたいこと

そのように思う理由・具体的な体験・気持ち

どんな自分になりたいか・どんな中学生活にしたいか

わたしが中学生活でがんばりたいことは、（　　　　）です。

部活動をがんばりたいのは、バスケットボール部に所属している（　　　　）からです。姉は（　　　　）なのに、わたしよりもずっと早い時間に起きて朝練に行きます。放課後も練習をしてから帰ってきますが、どんなにつかれていても（　　　　）を欠かしません。どうしてそんなにがんばるのかとたずねたら、

「（　　　　）」

と言いました。そのとき、わたしは姉のことを「（　　　　）」と思いました。

中学生になったら、（　　　　）

終わりは、「中学生になったら」「中学では」という言葉で始めると、まとめやすいよ。

38 中学生活への抱《ほう》負《ふ》を書く②

❶ あなたが、中学生活で取り組みたいこと、がんばりたいことは何ですか。一つ選んで○で囲みましょう。あてはまるものがないときは、（　）に書きましょう。

勉強　運動　部活動　学校行事

生徒会活動　委員会活動　芸術活動

ボランティア　友達《ともだち》づきあい　しゅ味

（　　　　）

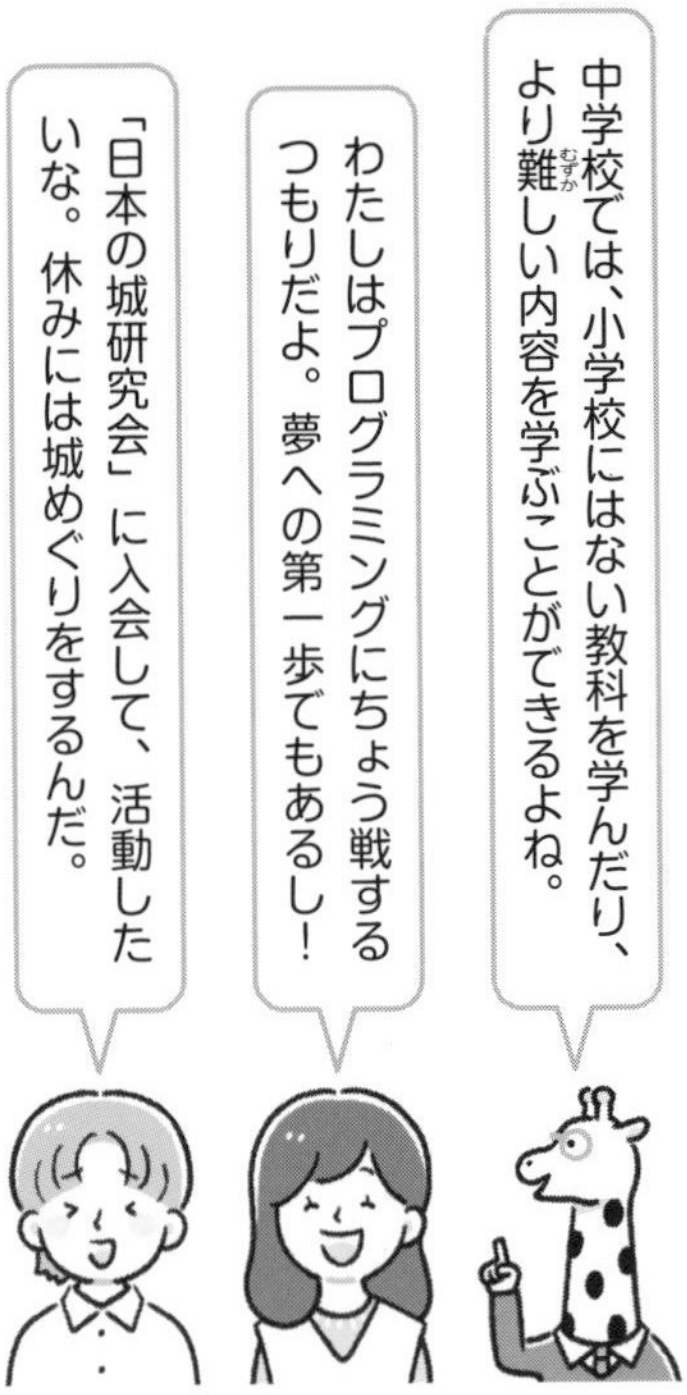
中学校では、小学校にはない教科を学んだり、より難《むずか》しい内容を学ぶことができるよね。
わたしはプログラミングにちょう戦するつもりだよ。夢への第一歩でもあるし！
「日本の城研究会」に入会して、活動したいな。休みには城めぐりをするんだ。

❷ ❶で決めたことについて考えて、〈構成メモ〉にまとめましょう。

〈構成メモ〉

はじめ	・中学生活で取り組みたいこと、がんばりたいことは？
中	・そのように思う理由は？ ・具体的な体験とそのときの気持ちは？
終わり	・どんな自分になりたい？　どんな中学生活にしたい？

❸ ❷の〈構成メモ〉をもとに、中学生活への抱負を作文に書きましょう。

「わたし・ぼくが中学生活で取り組みたい（がんばりたい）ことは」で書き始めよう。

中学生活で取り組みたいこと

そのように思う理由・具体的な体験・気持ち

どんな自分になりたいか・どんな中学生活にしたいか

中は、理由から書き始めよう。「○○をがんばりたいのは、～からです。」などと書けるね。

理由を具体的に書こう。自分の体験につなげて書くことで、きみらしい作文になるよ。

39 詩を作る

表現を工夫《くふう》して詩を書く

詩は、心を動かされたことをリズムのある言葉で表現したものです。

◆詩の表現の工夫

★比喩《ひゆ》…あるものを他のものにたとえる。

例・ひまわりのようなえがお。　・鳥が歌う。

★擬音語《ぎおんご》・擬態語《ぎたいご》…実際の音や様子を表す言葉。

例・たいこをドンドンと鳴らす。
星がきらきらかがやく。

★倒置《とうち》…言葉の順序を入れかえる。

例・行こう、地平線の向こうへ。

★くり返し…同じ言葉をくり返す。

例・赤い赤いリンゴを食べる。

★対句…似た表現を並《なら》べる。

例・青い空が広がる。白い雲がただよう。

★体言止め…名前を表す言葉で文を終える。

例・ぼくは世界をめぐる旅人。

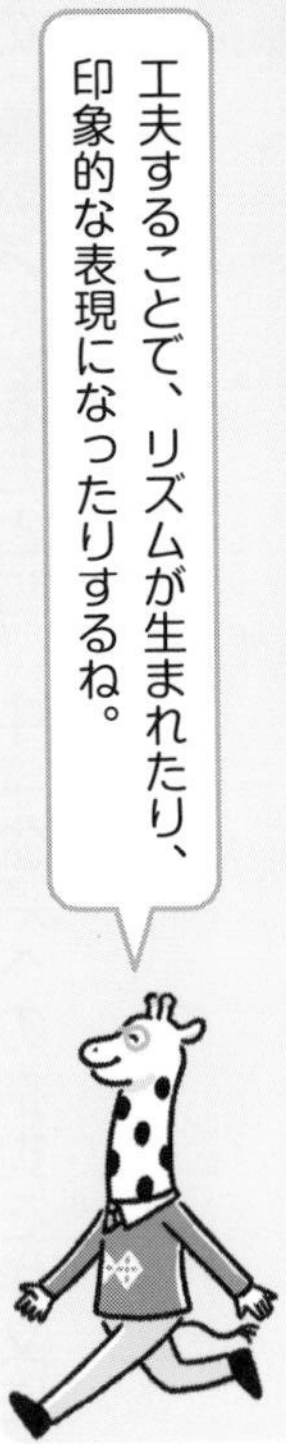
工夫することで、リズムが生まれたり、印象的な表現になったりするね。

1 次の詩に使われている表現の工夫を［　］から二つ選んで記号を書きましょう。

雨上がり

雨上がりのにじが好きだ
空へと続く　ぼくの行く道
雨上がりの校庭が好きだ
地面にきざむ　ぼくのあしあと

ア　擬音語・擬態語
イ　くり返し
ウ　対句
エ　体言止め

（　　）（　　）

2 最近の生活をふり返って、心を動かされたことを詩に書きます。楽しかったことやうれしかったこと、おどろいたこと、感動したことなどを一つ書きましょう。

3 **2**で書いたことについて、そのときの様子や気持ちを思い出して、思いつく言葉をメモしましょう。

バトンをつなぐ
一生けん命
きずな　思い
力強さ

4 **2**で書いたことについて、**3**で思い出した言葉を使って、表現を工夫して詩を書きましょう。

バトン
バトンをわたすことは
思いを重ねること
きずなをつなげること
もの静かなあの子の
力強いバトンに
ぼくはハッとする

走れ
ぼくらの思い
かけろ
伝書ばとのように

◀詩の題名を書こう。

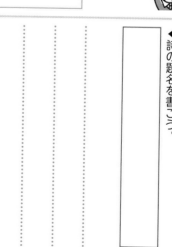

40 短歌を作る

短歌は、奈良《なら》時代ごろからある、日本固有の詩（和歌）の一種です。短歌のルールを知り、表現を工夫《くふう》して作ってみましょう。

短歌の作り方

◆短歌のルール

★五・七・五・七・七の三十一音で表すのが基本（音数が多いものを字余り、音数が少ないものを字足らずというが、短歌のリズムがくずれないように注意する）。

★小さな「っ」、のばす音、「ん」も一音と数える。

★「きゃ・きゅ・きょ」などは一音と数える。

◆表現を工夫する

★擬音語《ぎおんご》や擬態語《ぎたいご》、たとえの表現などを使う。

★自分が伝えたいことにぴったり合う言葉を選ぶ。

★作った短歌を見直して、言葉を入れかえたり、言いかえたりする。

三十一音の中で、いちばん伝えたいことが伝わる表現を探《さが》すんだね！

1 次の短歌の表現の工夫の説明として合うものを、後の[ ]からすべて選び、記号で答えましょう。

(1) 大空に何も無ければ入道雲むくりむくりと湧《わ》きにけるかも　北原白秋《きたはらはくしゅう》

「湧きにけるかも」…わいたのだなあ

（　　）（　　）

(2) もうそろそろ秋を測りにくるだらう《ロウ》腹《はら》に目盛《めもり》のあるオニヤンマ　小島《こじま》ゆかり

（　　）（　　）

(3) 振《ふ》り向かぬ子を見送れり振り向いたときに振る手を用意しながら　俵万智《たわらまち》

「見送れり」…見送った

（　　）（　　）

(4) 秋の雲「ふわ」と数えることにする一ふわ二ふわ三ふわの雲　吉川宏志《よしかわひろし》

（　　）（　　）

ア 擬音語・擬態語を使っている。
イ 比喩《ひゆ》の表現を使っている。
ウ 倒置《とうち》を使っている。
エ 体言止めを使っている。

むくりむくりとわく入道雲とふわふわの秋の雲。同じ雲なのに大きくちがうね。

② 最近の生活の中で、あなたの心が動いたことを思い出して、短い文章にまとめましょう。

学校の花だんにいろいろな色のパンジーがさいていたのが、きれいだと思ったよ。

③ ②で書いたことを、五・七・五・七・七の三十一音で短歌で表してみましょう。

書いてみたよ。

花だんには色とりどりのパンジーが
とてもきれいにさいていました

④ ③で書いた短歌について、次のような工夫ができないか見直して書き直してみましょう。

〈工夫〉

・たとえの表現を使う。
・擬音語・擬態語を使う。
・言葉の順番を入れかえる。
・言葉を別の言葉で言いかえる。
・似た表現を並《なら》べる。

など

これらの工夫を全部取り入れる必要はないよ。

わたしは、たとえを使って表現してみたよ。

赤と白黄色むらさきパンジーは
楽しくパーティしているみたい

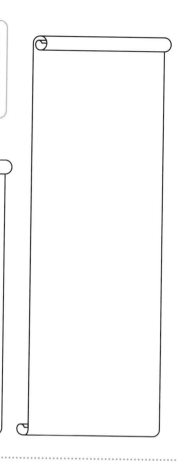

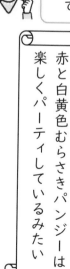

41

俳《はい》句《く》を作る

俳句は日本で古くから作られてきた短い詩です。俳句のルールを知り、表現を工夫《くふう》して作ってみましょう。

俳句の作り方

◆俳句のルール

★五・七・五の十七音で表すのが基本。

★「季語」という季節を表す言葉を入れる。

〈季語の例〉

春	夏	秋	冬
桜・梅 ちょう うぐいす 入学	ひまわり せみ サイダー プール	もみじ すすき 月・虫 かかし	みかん うさぎ 雪・しも セーター

※季語をもたない俳句を「無季《むき》俳句」という。

◆表現の工夫

★自分が伝えたいことに合う言葉を選ぶ。

★擬音語《ぎおんご》や擬態語《ぎたいご》、比喩《ひゆ》の表現を使う。

★言葉の順番や、ひらがな・かたかなの使い方などを工夫する。

---

1 次の俳句の表現の工夫の説明として合うものを、後の[　]からすべて選び、記号で答えましょう。

(1) 街の雨鶯餅《うぐいすもち》がもう出たか　富安風生《とみやすふうせい》

季語…鶯餅　季節…春　（　　）

(2) ところてん煙《けむり》のごとく沈《しず》みを《オ》り　日野草城《ひのそうじょう》

「ごとく」…ように

季語…ところてん　季節…夏　（　　）

(3) 鳥わたるこきこきこきと罐《かん》切れば　秋元不死男《あきもとふじお》

季語…鳥わたる　季節…秋　（　　）

(4) ふは《ワ》ふは《ワ》のふくろふ《ウ》の子のふかれを《オ》り　小澤實《おざわみのる》

季語…ふくろふ　季節…冬　（　　）

ア　擬音語・擬態語を使っている。
イ　比喩の表現を使っている。
ウ　話し言葉を使っている。
エ　ひらがなを多く使っている。

❷ 最近の生活の中で、あなたの心が動いたことを思い出して、短い文章にまとめましょう。

❸ ❷で書いたことを、季語を一つ入れて、五・七・五の俳句で表してみましょう。

〈季語の例〉

春	夏	秋	冬
たんぽぽ ひなまつり かえる	トマト くらげ キャンプ	台風 きのこ ぶどう	北風・氷 手ぶくろ おでん

はく力があってきれいな花火だな

❹ ❸で書いた俳句について、次のような工夫ができないか見直して書き直してみましょう。

〈工夫〉

・比喩の表現を使う。
・擬音語・擬態語を使う。
・言葉の順番を入れかえる。
・ひらがな・かたかなの使い方を工夫する。
・言葉を別の言葉で言いかえる。
・話し言葉を使う。
・似た表現を並《なら》べる。
など

ドドーンと花火上がって星みたい

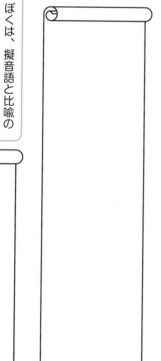

42 物語を作る①

物語は、山場（クライマックス）で大きく変化するものが多く見られます。物語は山場を意識して書くことが大切です。

物語の書き方

◆物語を書く手順

①登場人物・時・場所などの設定を決める。

・登場人物は、名前や年れい、性格などを決めて、カードにまとめよう。

②物語の組み立てを考えて、あらすじを書く。

・山場でどんな変化が起こるかを意識して書こう。

③あらすじをもとにして物語を書く。

・会話文を入れたり、想像した人物の様子をくわしく書いたりするなど工夫《くふう》しよう。

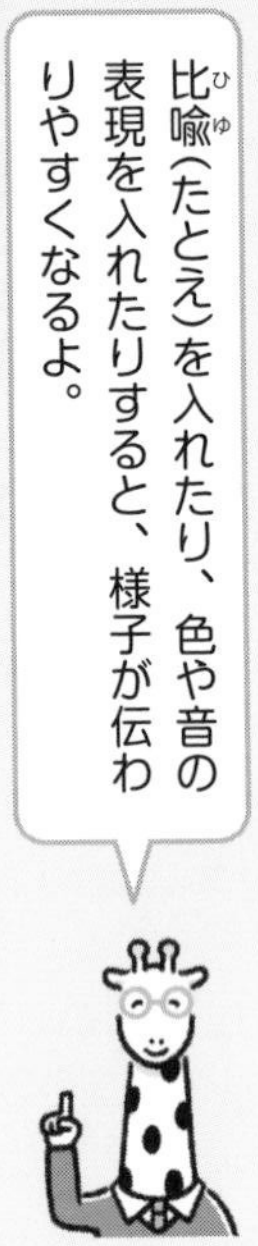

◆物語の組み立ての例

始まりの場面	物語の登場人物、時や場所などの設定を書く。
山場につながる場面	山場につながる出来事が起こるきっかけや、その出来事がどう展開《てんかい》するかを書く。
山場の場面	それまでの出来事がどう変化したかを書く。
終わりの場面	山場を経て、登場人物や出来事がどうなったかを書く。

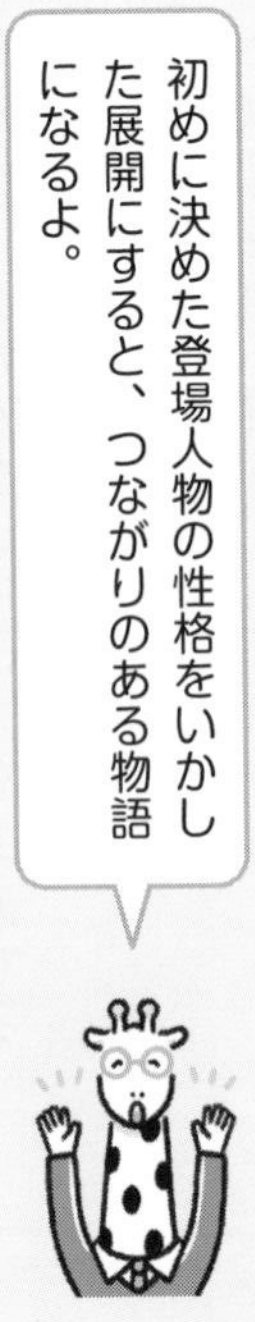

1 次の二枚《まい》の絵を使って物語を考えます。登場人物の設定を考えて、〈あなたのカード〉に書きましょう。

〈始まりの場面〉

〈終わりの場面〉

わたしはこんなふうに書いたよ。

〈はるかさんのカード〉

名前　レン

年れい　十二さい

性格など　心配しょう

できちょうめん。ぬいぐるみの

「くまのすけ」がお気に入り。

〈あなたのカード〉

名前

年れい

性格など

2 いつ、どこで起こった物語にするかを書きましょう。

わたしは、夜、自分の部屋の中で起こった物語にするよ。

いつ

どこで

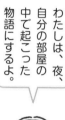

43 物語を作る②

❶ 次の二枚《まい》の絵を見て、物語のあらすじを考えます。二つの場面の間で起こることをあなたが想像して、〈あなたの組み立てメモ〉に物語のあらすじを書きましょう。

〈始まりの場面〉

〈終わりの場面〉

〈はるかさんの組み立てメモ〉

始まりの場面	夜、物音がして起きてみると、ぬいぐるみの「くまのすけ」が動いていた。
山場につながる場面	くまのすけが話しかけてきて、おもちゃのパーティにさそってくれる。
山場の場面	クローゼットの中で、おもちゃと楽しく遊ぶ。
終わりの場面	気づくと朝。夢かと思ったが、くまのすけととった写真が置かれていた。

〈あなたの組み立てメモ〉

始まりの場面	◀登場人物、時、場所などの設定を書こう。
山場につながる場面	◀どんな出来事が起こって、どう展開《てんかい》するかを書こう。
山場の場面	◀出来事がどう変化して解決したかを書こう。
終わりの場面	◀山場を経て、最後に登場人物や出来事がどうなったかを書こう。

❷ ❶の〈あなたの組み立てメモ〉で書いたことをもとに、〈あなたの始まりの場面〉の物語を書きます。〈始まりの場面〉の絵に合うように、物語の登場人物がどんな人物かや、時、場所などの設定がわかるように書きましょう。

〈はるかさんの始まりの場面〉

レンは、明日着る服を用意すると、いつものように、夜の十時にねむりにつきました。

　ねてからどれくらいたったでしょう。カサカサという音がして、レンは目を覚ましました。

　何かいる！

　レンはこわくてふるえました。でも、ずっとそうしてもいられません。気づかれないように、そっと目を開けて、暗い部屋の中で、動く何かをじっと見つめました。

「え、くまのすけ？」

　レンはつい声に出してしまいました。

「明日着る服を用意する」と書くと、きちょうめんな人がらが伝わるね。

〈あなたの始まりの場面〉

❶ 89ページ❷で書いた〈あなたの始まりの場面〉につながるように、あなたの〈山場につながる場面〉〈山場の場面〉〈終わりの場面〉を書きましょう。

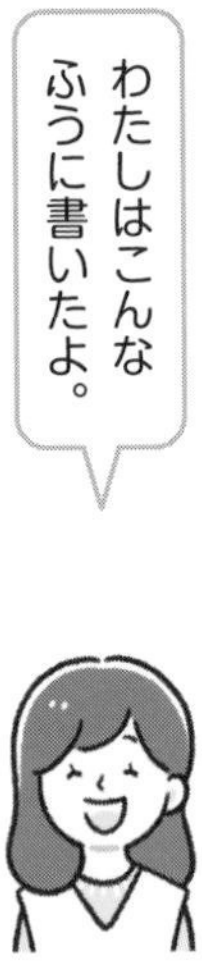
わたしはこんなふうに書いたよ。

はるかさんの〈山場につながる場面〉〈山場の場面〉〈終わりの場面〉

〈山場につながる場面〉


そこで動いていたのは、お気に入りのぬいぐるみ「くまのすけ」でした。

「見つかってしまったようじゃな。」

くまのすけは低い声で言いました。

レンは、声が出ません。

「仕方ない。レン、ついてきなさい。」

レンは、ぶるぶるふるえながらも、なんとか立ち上がって、くまのすけについていきました。

レンはくまのすけの後ろについて、クローゼットの中に入りました。

すると、そこでは、おもちゃ箱の中

あなたの〈山場につながる場面〉〈山場の場面〉〈終わりの場面〉

〈山場の場面〉

でいろいろなおもちゃが動き回り、おしゃべりしていたのです。

「わしたちはレンがねたあとに、こうしてパーティをしとるんじゃ。まあ、ゆっくりしていきなさい。」

　レンは安心すると、おもちゃたちとの時間を楽しみました。でも、いつのまにかねむくなってきて――。

〈終わりの場面〉

　はっと目を覚ますと、ベッドの上でした。もう朝です。

　夢か、とレンが残念に思っていると、まくらもとに何かが置いてあるのが見えました。手に取ってみると、くまのすけといっしょにとった写真でした。

　夢ではなかったのです。レンはまたくまのすけたちのパーティに行くのが楽しみになりました。

初めに決めた登場人物の性格に合う会話や行動を入れよう。

書けたら、〈始まりの場面〉から読み直してみよう。物語はつながっているかな。

45 発展問題《はってん》 ①

① じゅんさんのクラスでは、環境《かんきょう》問題について学んでいます。「家庭や学校で取り組める環境問題の対策《たいさく》」について提案する文章を書くことになりました。〈じゅんさんの文章の下書き〉と、〈じゅんさんが書き直した文章〉を読んでから、後の問題に答えましょう。

〈じゅんさんの文章の下書き〉

（提案したいこととその理由）

わたしは、四年生のときに見学をした、浄水場《じょうすいじょう》で教わったことをすっかり忘《わす》れていて、でも、今回、環境問題について学んで改めて水の使い方に気をつけたいと思いました。教わったことは、シャワーを三分間流すと、三十六リットル分の水が流れるということで、わたしはとてもおどろきました。みんなに節水と水をよごさないことを提案したいです。みんなも節水のこと忘れていませんか。

〈じゅんさんが書き直した文章〉

（提案したいこととその理由）

わたしは、みんなに節水と水をよごさないことを提案したいです。

四年生のときに見学をした浄水場で教わったことがあります。それは、シャワーを三分間流し続けると、三十六リットル分の水が流れるということです。このとき、とてもおどろいてしばらくは節水に気をつけていました。それなのに、いつの間にかすっかり忘れてしまっていました。

わたしのような人が多いのではないかと思い、改めて水の使い方に気をつけてほしいと考えたのが提案したい理由です。

(1) 〈じゅんさんが書き直した文章〉について、じゅんさんとりょうさんが話し合っています。（　）に合う言葉を[　]から選んで、記号を書きましょう。

りょう　書き直した文章のほうが、とても読みやすいよ。

じゅん　下書きは、一文が（　　）なっていたから、（　　）することを心がけたんだ。

りょう　三つの（　　）に分けたのもいいと思うよ。内容が分かれていて読みやすいな。

じゅん　一段落目《だんらくめ》は、（　　）したいこと、二段落目は、きっかけとなった（　　）、三段落目は（　　）を書いたよ。

りょう　それに浄水場で教わったことが、（　　）に書いてあるのもいいよね。この後、どんな提案があるのか、続きを読みたくなっちゃうな。

ア 理由　イ 具体的　ウ 長く　エ 段落
オ 提案　カ 短く　キ 体験

(2) じゅんさんは、「提案したいこととその理由」の後に、次の三つの内容を続けるつもりでいます。どの順に書くとよいでしょう。（　）に2〜4の数字を書きましょう。

（提案したいこととその理由）（ 1 ）

（提案の方法）
・ポスターでの呼《よ》びかけ。
・校内放送での呼びかけ。
（　　）

（提案の効果）
・提案が実現したら、水が限りのある大切なものだということをわかってもらえると思う。
（　　）

（提案の具体的な内容）
・シャワーを一分間短くする。
・食器のよごれをふいてから洗《あら》う。
（　　）

❶ じゅんさんは、「家庭や学校で取り組める環境《かんきょう》問題の対策《たいさく》」について提案する文章を完成させました。〈じゅんさんの文章〉と〈じゅんさんとりょうさんの会話〉を読んで後の問題に答えましょう。

〈じゅんさんの文章〉

（提案したいこととその理由）

わたしは、みんなに節水と水をよごさないことを提案したいです。

四年生のときに見学をした浄水場《じょうすいじょう》で教わったことがあります。それは、シャワーを三分間流し続けると、三十六リットル分の水が流れるということです。このとき、とてもおどろいて節水に気をつけていました。それなのに、今回、環境問題について学ぶまですっかり忘《わす》れてしまっていました。

わたしのような人が多いのではないかと思い、改めて水の使い方に気をつけてほしいと考えたのが提案したい理由です。

（提案の具体的な内容）

シャワーの出しっぱなしを今より一分間短くしてください。そうすると、水を十二リットル節約することができます。四人家族なら四十八リットルも節約できます。そして、よごれのひどい食器やなべは、よごれをさっとふいてから洗《あら》ってください。

（提案の方法）

・水問題のポスターを校内にはり、呼《よ》びかけます。
・校内放送で呼びかけます。

（提案の効果）

あたりまえに使っている水が、限りのある大切なものであることをわかってもらえると思います。

じゅん　わたしが書いた提案文、どうだったかな？

りょう　シャワーを一分間短くするのを、さっそくやってみようって思ったよ。うちは四人家族だから、四十八リットルも節水できるなんてすごいよね。

じゅん　具体的な方法だけじゃなくて、その理由も書くと伝わるかなって思ったんだ。

りょう　食器やなべのよごれをふくのもどうしてか知りたいなあ。水をよごしちゃいけないっていうのはわかるけど……。

じゅん　よごれた水をきれいにするのに、大量の水が必要になるんだって。マヨネーズ大さじ一ぱい分をそのまま流してしまうと、そのよごれた水をきれいにするのにおふろ十三はい分、約三千九百リットルの水が必要らしいよ。

りょう　ええ！　そんなに？　そんなことを知ったら、みんな水をよごさないように気をつけるはずだよ。

の文章〉の〈提案の具体的な内容〉の……

ることにしました。〈条件〉に従《したが》って続きを書きましょう。

〈条件〉

・「なぜなら」「たとえば」の両方を使いましょう。

・上の会話の中に出てくる言葉を使いましょう。

そして、よごれのひどい食器やなべは、さっとふいてから洗ってください。

◆原こう用紙の正しい使い方を覚えましょう。文章を書き終わったら読み直して、まちがえているところがないか確かめましょう。

題名は、二、三ます空けて書く。

書き始めは、一ます空けて書く。

行を変えたら、一ます空ける。

引用をするときは、元の言葉や文をそのまま書き、かぎ（「」）をつけるなどして、他と区別する。

○○○「やまなし」を読んで
松本　ゆうき
○この本は、学校の図書館のおすすめコーナ
ーにありました。開いてみると、楽しい言葉
がたくさんでてきたので、読んでみました。
○物語に登場するのは、かにの兄弟とお父さ
んです。水の底から上を見て、話しています。
おもしろいのは、擬態語です。「ぼかぼか流
れていくやまなし」「月光のにじがもかもか
集まりました」など、今まで聞いたことのな

書名は、かぎ（「」）をつけて書く。

句点（。）や読点（、）は、行の初めに来ないように、前の行の最後のますに、文字といっしょに書く。（最後のますの下に書くこともある。）

の国語集中学習　小学6年生　作文・表現にぐーんと強くなる

第1版第1刷発行

●印刷・製本　凸版印刷株式会社
●カバーデザイン　辻中浩一+村松亨修（ウフ）
●カバーイラスト　亀山鶴子
●本文イラスト　フクイサチヨ
●本文デザイン　岸野祐美（株式会社京田クリエーション）
●編集協力　株式会社あいげん社

志村直人
株式会社くもん出版
〒141-8488 東京都品川区東五反田2-10-2
東五反田スクエア11F
電話　編集直通　03(6836)0317
営業直通　03(6836)0305
代表　03(6836)0301

ISBN 978-4-7743-3372-4

ＣＤ 57338
くもん出版ホームページアドレス　https://www.kumonshuppan.com/

小学6年生

作文・表現にぐーんと強くなる

別《べっ》冊《さつ》

解《かい》答《とう》例《れい》

・（例）は，作文のお手本を示しています。
問題文の指示にしたがって書けていたら○をつけてください。

・書き方に迷ったときは，お手本と解説をよく読んで，
自分の作文を書くヒントにしましょう。
まねして書いてみてもよいでしょう。

おうちの方へ

本書は，教科書や学校の宿題等でよく出る作文テーマごとに，書きたい内容を考えて，言葉や文を書き出して作文メモを作り，メモをもとに文章を書く練習を進めていきます。各回の問題文の指示や，まとめコーナーで学んだ作文の組み立てにそって書けていたら，○をつけてあげてください。

4・5ページ

ゆうとさんの体験に注目しよう。

1 得意なことと苦手なことを書く①

周りの人にあなたのことをよく知ってもらうために、得意なことと苦手なことを伝えましょう。

得意なことと苦手なことの書き方

① 得意なことと苦手なことを考えよう。
② 「得意なことが生きた体験」と「苦手なことで失敗した体験」を考えよう。

◆得意なことと苦手なことの見つけ方

●自分自身をふり返る。
自分が自信をもっていることや、ここは変えたいと思うところはないかを考えよう。
●周りの人から言われたことを思い出す。
周りの人からほめられたことや、注意されたことはないかを思い出そう。

文章を書くときは、得意なことや苦手なことに関係のある体験も書くと、人がらが伝わりやすくなるよ。

❶ 下のまん画を見てわかる、ゆうとさんの得意なことと苦手なことを書きましょう。

〈朝の通学路で〉
あ、けいたさん!
昨日《きのう》転校してきたゆうとさん! もうぼくの顔を覚えてくれたの?
もちろんだよ!
〈友達の家で〉
どっちのアイスがいい?
なかなか決められないよ……。
とけちゃうよ!

・ゆうとさんの得意なこと
(例)・(人の顔を覚える)こと。
・ゆうとさんの苦手なこと
(例)・(物事を決める)こと。

❷ あなたの得意なこと・苦手なことはどのようなところですか。それぞれ書き出してみましょう。

・あなたの考える自分の得意なこと
(例)・絵をかくこと。
・人を笑わせること。

・あなたの考える自分の苦手なこと
(例)・整理整とんをすること。
・運動をすること。

❸ あなたの得意なことが生きた体験を書きましょう。

転校したとき、転校先のクラスメートの顔を、一日で全員覚えられたよ。そのおかげて、すぐに仲良くなれたんだ。

(例) 絵をかくことが得意で、休み時間によく絵をかいている。去年は、みんなで考えたクラスのイメージキャラクターを、学級新聞にかく係を任された。

❹ あなたの苦手なことが原因になって、失敗した体験を書きましょう。

友達の家でアイスを出してもらったとき、どの味にするかなかなか決められなくて、アイスがとけそうになってしまったことがあるよ。

(例) 整理整とんが苦手なのが原因で、引き出しやかばんの中に何があるかわからなくなってしまい、宿題のプリントをなくした。

今回書いたことをもとに、次回は自分の得意なことと苦手なことをしょうかいする文章を書いてみよう。

6・7ページ

2 得意なことと苦手なことを書く②

❶ 次の〈ゆうとさんのメモ〉を見ながら、〈ゆうとさんの文章〉の(　)に合う言葉を書きましょう。

〈ゆうとさんのメモ〉

・得意なこと
人の顔を覚えること。
・得意なことが生きた体験
転校先の学校で、クラスメートの顔を一日で覚えて、すぐに仲良くなれたこと。
・苦手なこと
物事を決めること。
・苦手なことが原因で、失敗した体験
友達の家でアイスを出してもらったとき、どの味にするかなかなか決められなくて、アイスがとけそうになってしまったこと。

文章に書くことを、メモにまとめてみたよ。

〈ゆうとさんの文章〉

得意なこと←体験
苦手なこと←体験

ぼくの得意なことは、人の顔を覚えることです。四年生のときに転校をしたのですが、新しいクラスメートの顔を、一日で覚えることができました。おかげで、みんなとすぐに(仲良く)なることができました。
ぼくの苦手なことは、物事を決めることです。友達の家でアイスを出してもらったときに、どの味にするかなかなか決められず、アイスが(とけそうに)なってしまったことがあります。これからは気をつけたいと思います。

文末は、「〜です・ます」という形か「〜だ・である」という形のどちらかにそろえて書こう。

❷ 5ページで書いた内容を見ながら、あなたの得意なことと苦手なことをしょうかいする文章を書くための〈あなたのメモ〉を作りましょう。

〈あなたのメモ〉(例)

・得意なこと
絵をかくこと。
・得意なことが生きた体験
みんなで考えたクラスのイメージキャラクターを、学級新聞にかく係を任された。
・苦手なこと
整理整とんをすること。
・苦手なことが原因で、失敗した体験
引き出しやかばんの中に何があるかわからなくなり、宿題のプリントをなくした。

❸ 〈あなたのメモ〉を見ながら、あなたの得意なことと苦手なことをしょうかいする文章を書きましょう。

(例) わたしの得意なことは、絵をかくことです。去年は、みんなで考えたクラスのイメージキャラクターを、学級新聞にかく係を任されました。
わたしの苦手なことは、整理整とんをすることです。引き出しやかばんの中に何があるかわからなくなり、宿題のプリントをなくしてしまったことがあります。これからは、しまう場所を決めるなどの工夫をして、直していきたいです。

苦手なことの部分の最後に、これからどうしたいかを書くと、文章がまとまるよ。

得意なこと→体験、苦手なこと→体験の順番で書けているかな。

8・9ページ

3 住んでいる町をしょうかいする ①

しょうかいしたい場所について思い出して整理しよう

住んでいる町をクラスのみんなにしょうかいする作文を書きます。次のように考えましょう。

① 町にあるどんな場所をしょうかいするかを決める。
② その場所についての出来事を思い出す。
その場所をいいなと思った出来事や、その場所が心に残るきっかけとなった出来事を思い出す。
③ 出来事や行動を通して、その場所をどのように思ったかを考える。

❶ 次のまん画を見て、後の問題に答えましょう。

(1) 上のまん画の出来事を〈メモ〉にしました。（　）に合う言葉を書きましょう。うすい字はなぞりましょう。

ゆうとさんは、友達のたけるさんと、住んでいる町にある（地区センター）に、（たっ球）をするために行った。
⇓
うまくできなくてなやんでいたら、（他の利用者）がコツを教えてくれた。
⇓
地域《ちいき》の人と交流を深めることができた。

(2) ゆうとさんとたけるさんは、その場所をどのように思ったでしょう。ア～ウから選んで、記号を○で囲みましょう。

ア たくさんのお店がある、便利な場所。
イ 自然が豊かで、生き物とふれあえる場所。
（ウ） 地域の人との交流がある、温かい場所。

❷ (1) あなたがしょうかいする場所を決めましょう。あなたの町には、どんな場所がありますか。書き出してみましょう。

（例）
・駅　・スーパーマーケット　・神社
・寺　・レストラン　・田んぼ　・川
・資料館　・図書館　・植物園　・病院
・文化センター　・ショッピングモール
・ホームセンター　など

ふだん通る道や、家族や友達と行った場所など、思いうかんだ場所を全部書き出そう。

(2) (1)で書き出した中から、しょうかいしたい場所を一つ選んで書きましょう。

（例）
植物園

その場所をいいなと思った出来事や、心に残る出来事がある所を選ぶといいよ。

わたしは、学校の近くの田んぼのことをしょうかいしたいな。

❸ ❷(2)で決めた場所について、心に残っている出来事を一つ思い出して書きましょう。

（例）
友達と行ったとき、自分が気に入った花をたがいにしょうかいし合ったことで、いろいろ花のことを知ることができて、花に興味をもつことができた。

五年生のとき、学校の授業で田植え体験に行ったんだ。体験が終わったあと、農家の人が「よくがんばったね。ありがとう。」と言ってくれたんだよ。がんばったかいがあって、とてもうれしかったな。

❹ ❸の出来事を通して、あなたの選んだ場所はどんな場所だと言えるでしょう。

（例）
自然が豊かでいろいろなことを学べる場所。

思いやりのある人たちが働いている、貴重《きちょう》な経験をできる場所だと思うよ。

まん画の出来事や、ゆうとさんとたけるさんの言動から考えよう。

10・11ページ

4 住んでいる町をしょうかいする ②

住んでいる町をしょうかいする文章の書き方

住んでいる町についてしょうかいする文章を書くときは、次のような手順で取り組みましょう。

① 住んでいる町についてメモにまとめる。
② 次のような構成で文章にまとめる。

はじめ	住んでいる町のどんな場所をしょうかいするか。
中	どんな出来事があったか。
終わり	出来事や行動から、どんな場所と言えるか。

❶ 次の〈はるかさんのメモ〉を見ながら、〈はるかさんの文章〉の□に合う言葉を書きましょう。

〈はるかさんのメモ〉

しょうかいする場所	学校の近くの田んぼ。
出来事	五年生のとき、学校の授業で田植え体験に行った。体験が終わったあと、農家の人が「よくがんばったね。ありがとう。」と言ってくれた。
どんな場所か	思いやりのある人たちが働いている、貴重《きちょう》な経験をできる場所。

〈はるかさんの文章〉

書き始めは一ます空ける。

はじめ
　わたしは、住んでいる町について、学校の近くの田んぼをしょうかいしたいと思います。

中
　五年生のとき、学校の授業で田植え体験に行きました。田んぼに入って田植えを体験させてもらったあと、農家の人が
「よくがんばったね。ありがとう。」
と言ってくれました。がんばったかいがあって、とてもうれしかったです。

終わり
　このことから、学校の近くの田んぼは、思いやりのある人たちが働いている、貴重な経験をできる場所だと思います。

会話文（「　」）の書き始めは、行を変えて書く。書き終わったあとの文も、行を変えて書く。

原こう用紙の使い方のポイントに気をつけて書いたよ。

句点（。）や読点（、）が行の初めに来るときは、前の行のいちばん下のますに文字といっしょに書く。

〈はるかさんのメモ〉をよく見て書こう。

❷ あなたの住んでいる町をしょうかいする文章を書くための〈あなたのメモ〉を書きましょう。9ページの❷(2)・❸・❹で書いたことをもとにまとめましょう。

〈あなたのメモ〉（例）

しょうかいする場所	植物園
出来事	友達と行ったとき、自分が気に入った花をたがいにしょうかいし合ったことで、いろいろ花のことを知ることができて、花に興味をもつことができた。
どんな場所か	自然が豊かでいろいろなことを学べる場所。

❸ ❷の〈あなたのメモ〉に書いたことをもとに、原こう用紙の使い方に気をつけて、住んでいる町をしょうかいする文章を書きましょう。

（例）
　わたしは、住んでいる町の中から、植物園をしょうかいします。
　友達と植物園に行ったとき、友達が、
「気に入った花をしょうかいし合おうよ。」
と言いました。わたしは、
「いいよ。」
と言いました。花を探してみると、いろいろな種類の花がありました。気に入った花をたがいにしょうかいし合ったことで、自分が知らなかった花のことを知ることができて、花に興味をもつことができました。
　このことから、植物園は、自然が豊かでいろいろなことを学べる場所だと思います。

「中」と「終わり」がつながるように書くことがポイントだよ。

その場所での出来事と、その場所がどんな場所かがつながっているかな。

「　」は行を変えて書けたかな。

12・13ページ

「仲間を救うためハヤブサと戦って」ということが書いてあるので、残雪《ざんせつ》がけがをした理由がよくわかるあらすじになっているね。

5 読書感想文を書く①

読書感想文の書き方

読書感想文は、次のような手順で書きましょう。

① 読書感想文を書く本を決める。
本を決めるときは、図書館に行って実際に本を手に取ったり、インターネットで読みたい本を探《さが》したりしてみよう。

以前読んで、心に残っている本を、もう一度読み返してもいいよ。

② 本を読んで、心に残ったところを選ぶ。
本を読むとき、心に残ったところにしおりをはさみながら読んでもよい。後でふり返るときに役に立つよ。

いらない紙でしおりを作って、どんどんはさんでいくといいよ。借りた本を返すときは、しおりを取って返してね。

③ 文章の構成を考えて、〈構成メモ〉を書く。

④ 〈構成メモ〉をもとに、読書感想文にまとめる。

◆読書感想文は、次のような構成で書こう。

はじめ	本を読んだきっかけ
中	・簡単《かんたん》なあらすじ ・本を読んでいちばん心に残ったところはどこか。心に残ったのはなぜか。 ・自分の経験など(自分と比べてどう思うかや、自分ならどうするか)。
終わり	・本を読んで深く感じたことや学んだこと。 ・その本を読んだうえて、自分はこれからどうしたいか。

◆あらすじのまとめ方
① 初めにどんなことがあったか
② 次にどんなことがあったか
③ 最後にどうなったか
をおさえて、話の流れや前後のつながりがわかるように簡潔《かんけつ》にまとめよう。

主な登場人物についても、しょうかいできるといいね。

❶ 「大造《だいぞう》じいさんとガン」のあらすじを書きました。あらすじのまとめ方として、よいほうはア・イのどちらでしょう。記号を○で囲みましょう。

書名 「大造じいさんとガン」
作者名 椋鳩十《むくはとじゅう》

ア
かりゅうどの大造じいさんは、おとりのガンを使ってガンをとらえようとしたが、ハヤブサが来ておとりのガンをおそう。ガンの頭《とう》領《りょう》の残雪《ざんせつ》はけがをしたが、大造じいさんに堂々とした態度を見せる。大造じいさんのおりで一冬をこし、傷《きず》が治った残雪が北へ飛び去っていくのを、大造じいさんは晴れ晴れとした顔つきで見守る。

「大造じいさんとガン」椋鳩十作(偕成社《かいせいしゃ》文庫)

(イ)
かりゅうどの大造じいさんは、おとりのガンを使ってガンをとらえようとしたが、ハヤブサが来ておとりのガンをおそう。ガンの頭領の残雪は、仲間を救うためハヤブサと戦ってけがをしたが、大造じいさんに堂々とした態度を見せる。大造じいさんのおりで一冬をこし、傷が治った残雪が北へ飛び去っていくのを、大造じいさんは晴れ晴れとした顔つきで見守る。

どちらも「大造じいさんとガン」のお話には合っているよ。

ちがうところを探してみよう。

話の流れや前後のつながりがよくわかるのが、よいあらすじの書き方だよ。

14・15ページ

上の、先生とゆうとさんのやり取りをよく読もう。

6 読書感想文を書く②

❶ ゆうとさんは、「大造《だいぞう》じいさんとガン」について読書感想文を書きます。次の、先生とゆうとさんのやり取りを読んで、〈ゆうとさんの構成メモ〉を完成させましょう。

この本は、五年生の国語の授業で読んだことがあって、もう一度、読んでみたくなったんだ。

心に残ったのはどんなところ？　どうして心に残ったのかな。

大造じいさんが残雪《ざんせつ》に、「おれたちは、また堂々と戦おうじゃあないか。」と呼《よ》びかけるところだよ。大造じいさんが、残雪に親しみと尊《そん》敬《けい》をいだいているように感じられたからだよ。

思い出す自分の経験などはあるかな？

サッカーの試合のあと、相手チームと、たがいのがんばりをたたえたいという気持ちになった。

本を読んで、深く感じたことはあるかな？

正々堂々と戦うことの気持ちよさを感じたよ。

〈ゆうとさんの構成メモ〉

はじめ	本を読んだきっかけ	五年生の国語の授業で読んだことがあり、もう一度読んでみたくなったから。
中	簡単《かんたん》なあらすじ	かりゅうどの大造じいさんが使ったおとりのガンを、ハヤブサがおそう。ガンの頭《とう》領《りょう》の残雪は、仲間を救うためハヤブサと戦ってけがをするが、大造じいさんに堂々とした態度を見せる。大造じいさんのおりで一冬をこし、傷《きず》が治った残雪が北へ飛び去っていくのを、大造じいさんは晴れ晴れとした顔つきで見守った。
	心に残ったところとその理由	大造じいさんが残雪に、「おれたちは、また堂々と戦おうじゃあないか。」と呼びかけるところ。大造じいさんが、残雪に親しみと尊敬をいだいているように感じられたから。
	自分の経験など	サッカーの試合のあと、相手チームと、たがいのがんばりを(たたえたい)という気持ちになった。
終わり	学んだことや、深く感じたこと	(正々堂々)と戦うことの気持ちよさ。

〈ゆうとさんの構成メモ〉の、「心に残ったところとその理由」に書いてあることをまとめよう。

❷ ゆうとさんは、❶の〈ゆうとさんの構成メモ〉をもとに、読書感想文を書きました。(　)に合う言葉を書いて、〈ゆうとさんの読書感想文〉を完成させましょう。

〈ゆうとさんの読書感想文〉

(本を読んだきっかけ)
ぼくは、「大造じいさんとガン」を読みました。この本は、五年生の国語の授業で読んだことがあり、もう一度読んでみたくなったからです。

(あらすじ)
この物語では、かりゅうどの大造じいさんが使ったおとりのガンをハヤブサがおそいます。ガンの頭領の残雪は、仲間を救うためハヤブサと戦ってけがをしますが、大造じいさんに堂々とした態度を見せます。大造じいさんのおりで一冬をこし、傷が治った残雪が北へ飛び去っていくのを、大造じいさんは晴れ晴れとした顔つきで見守ります。

(心に残ったところとその理由)
この物語を読んでいちばん心に残ったのは、大造じいさんが残雪に、「おれたちは、また堂々と戦おうじゃあないか。」と(呼びかける)ところです。どうして心に残ったのかというと、(残雪に親しみと尊敬をいだいているように感じられた)からです。

(自分の経験など)
ぼくは、サッカーをやっているのですが、試合のあと、相手チームと、(たがいのがんばりをたたえたい)と思った経験があります。大造じいさんも、残雪に対して、堂々と向き合いたいと感じているのではないかと思いました。

(本を読んで学んだことや、深く感じたこと)
ぼくは、この物語を読んで、(正々堂々と戦うことの気持ちよさ)を感じました。ライバルと認《みと》め合《あ》って成長していくことができるとよいなと思いました。

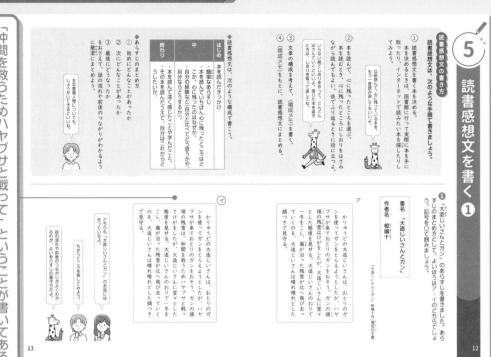

16・17ページ

自分が選んだ本について、〈構成メモ〉のこう目にしたがって、まとめられたかな。

7 読書感想文を書く ❸

❶ あなたが読書感想文を書く本を決めましょう。（　）に本の題名を書きましょう。

（例）（「銀河鉄道の夜」）

❷ 読書感想文に書くことを、〈構成メモ〉にまとめましょう。

〈構成メモ〉（例）

はじめ	本を読んだきっかけ	姉が、おもしろいとすすめてくれたから。
中	簡単《かんたん》なあらすじ	▼初めにあったこと、次にあったこと、最後にどうなったかをまとめよう。 少年ジョバンニは、銀河を走る不思議な列車に乗る。そこには友達のカムパネルラが乗っていた。乗客たちはみんなそれぞれの駅で降りていき、ついにカムパネルラもいなくなってしまう。ジョバンニが町にもどると、カムパネルラは友達を助けて川に落ち、見つからなくなっていた。
	心に残ったところとその理由	カムパネルラがいなくなって、ジョバンニが泣く場面。ジョバンニのさびしさが伝わってきたから。
	自分の経験など	五年生のとき、一年生のころからの親友が遠くに引っこしてしまい、とてもさびしかった。親友のことが大好きだということを改めて感じた。
終わり	学んだことや、深く感じたこと	人との出会いや、そばにいる人とのつながりを大切にしていきたい。

16

❸ ❷で書いた〈構成メモ〉をもとに、読書感想文を書きましょう。

（例）

▼合うほうを◯で囲もう。

（ぼく・(わたし)）は、（「銀河鉄道の夜」）という本を読みました。

本を読んだきっかけ
この本を読んだきっかけは、姉が、おもしろいとすすめてくれたからです。

簡単なあらすじ
少年ジョバンニは、銀河を走る不思議な列車に乗ります。そこには友達のカムパネルラが乗っていました。乗客たちはみんなそれぞれの駅で降りていき、ついにカムパネルラもいなくなってしまいます。ジョバンニが町にもどると、カムパネルラは友達を助けて川に落ち、見つからなくなっていました。

心に残ったところとその理由
わたしが心に残ったのは、カムパネルラがいなくなって、ジョバンニが泣く場面です。ジョバンニのさびしさが伝わってきたからです。

自分の経験など
わたしは、五年生のとき、一年生のころからの親友が遠くに引っこしてしまったことを思い出しました。とてもさびしくて、そのとき、親友のことが大好きだということを改めて感じました。

本を読んで学んだことや、深く感じたこと
この物語を読んで、人との出会いや、そばにいる人とのつながりを大切にしていきたいと思いました。

17

〈構成メモ〉に書いたことを順番に書いていこう。

『銀河鉄道の夜　宮沢賢治《みやざわけんじ》絵童話集⑬』天沢退二郎《あまざわたいじろう》・萩原昌好《はぎわらまさよし》（くもん出版《しゅっぱん》）

18・19ページ

8 絵や写真の感想文を書く ❶

絵や写真の感想文の書き方

好きな絵や写真について感想を伝える作文は次のような手順で考えましょう。

① 何の絵や写真について伝えるかを決める。
美術館の展示《てんじ》や、本、テレビなどで見た絵や写真を思い出してみましょう。

② 絵や写真についての情報を集める。
いつかかれたり、とられたりしたものか、作者はどんな人かなどの情報を図書館の本やインターネットなどで調べて集めましょう。

③ 書く内容を〈構成メモ〉にまとめる。

④ 〈構成メモ〉をもとに感想文を書く。
ただ「きれいだ」「すごい」というだけではなく、どこがどうきれいなのか、すごいのかが伝わるように表現を工夫《くふう》しましょう。

◆〈構成メモ〉の書き方

好きな絵や写真について感想を伝える作文を書くときは、次のような構成でまとめるとよいでしょう。

はじめ	中	終わり
●好きなのは、だれの（何という）作品か。 ・いつ、どこで見たかなどがわかれば書こう。	●絵や写真の情報 ・いつかかれたり、とられたりしたのか、作者はどんな人か、など調べたことを書こう。 ●どんなところが好きか、印象に残っているか。 ・だれが何をしているところか、どんな色かなど、様子を具体的に説明しよう。 ●なぜ印象に残ったのか。 ・見ているとどんな気持ちになるかなど好きな理由を書こう。	読む人にすすめる言葉や呼《よ》びかける言葉などを書こう。

絵をよく観察して、気づいたことを書いてみよう。

❶ はるかさんは、左の絵について〈構成メモ〉にまとめました。〈はるかさんの構成メモ〉をもとに書いた〈はるかさんの感想文〉の（　）に合う言葉を書いて、感想文を完成させましょう。

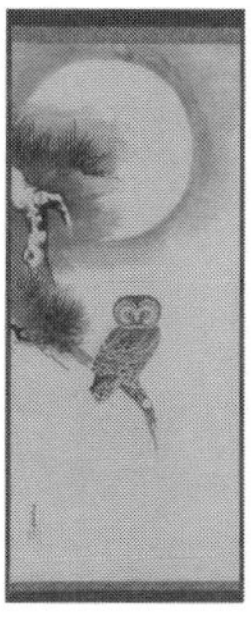

〈はるかさんの構成メモ〉

はじめ	曽我二直庵《そがにちょくあん》の作品。
中	・曽我二直庵は、江戸《えど》時代初期の絵師。 ・満月《まんげつ》の夜にフクロウが松の枝にとまっている様子。 ・墨《すみ》でえがかれた絵。色をぬらないことで月を表現している。 ・フクロウの不思議な様子が好き。
終わり	みなさんも気づいたことがあったら教えてほしい。

18

〈はるかさんの感想文〉

この絵は、（曽我二直庵）の絵です。

作者は、（江戸時代）の初期に活やくしました。

この絵は、満月が出ている夜に（フクロウ）が松の枝にとまっている様子がえがかれています。

（色をぬらない）ことで月を表現しているところがすごいと思いました。

こちらを見つめているフクロウの（不思議な様子）が好きです。

みなさんもこの絵について気づいたことがあったら、教えてください。

どんなところが「すごい」「きれい」「好き」と思ったのか、具体的に書いてみよう。

19

〈はるかさんの構成メモ〉を見て書けたかな。

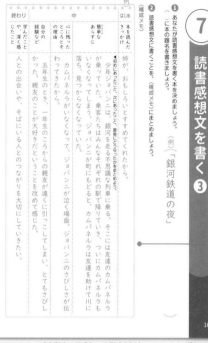

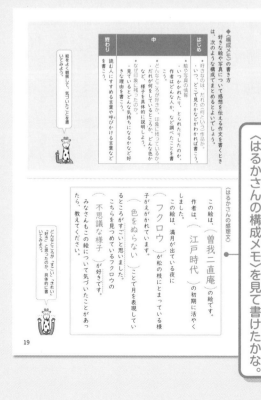

20・21ページ

どちらの絵を選んでもいいよ。

説明に書いてあることの他に、絵を見て気づいたことも書こう。

〈構成メモ〉をもとに、よさが伝わるように工夫《くふう》して書こう。

9 絵や写真の感想文を書く②

❶ 次の二枚《まい》の絵のうち、あなたが好きなほうを選んで、記号を〇で囲みましょう。

（例）イ

ア

アの絵の情報
十八世紀後半から十九世紀前半のイギリスの画家ジョン・ボインの作品。ねている羊飼いの横に犬、おくに羊がいる。

イ

イの絵の情報
十九世紀後半のオランダの画家ゴッホの作品。畑の雑草を燃やしている様子がえがかれている。

❷ 上で選んだ絵について、文章に書くための〈構成メモ〉を書きましょう。

〈構成メモ〉（例）

はじめ	ゴッホの作品。
中	◀絵の情報を書こう。 ・作者は、十九世紀後半に活やくした。 ・畑の雑草を燃やしている様子がえがかれている。 ◀好きなところや印象に残ったところと、その理由を書こう。 全体的に静かで、どことなくさびしい感じが好き。
終わり	みなさんも気づいたことがあったら教えてほしい。

❸ ❷で〈構成メモ〉にまとめた内容をもとに、❶で選んだ絵について伝える文章を書きましょう。

（例）

だれの作品か
この絵は、（ゴッホ）の作品です。

作者はどんな人か
作者は、（十九世紀後半）に活やくしました。

絵の情報
この絵は、畑の雑草を燃やしている様子がえがかれています。真ん中と右おくの人が、火を棒のようなものでつつきながら、雑草を燃やしています。左の人は、農機具の上にすわって休んでいます。細い線を何本もかいてけむりを表現しているのはすごいと思いました。

好きなところや印象に残ったところと、その理由
この絵は全体的に静かで、三人ともだまって作業をしていたり、静かに火を見つめていたりしているように見えます。どことなくさびしい感じがして、印象に残りました。

終わりの言葉
みなさんもこの絵について気づいたことがあったら、教えてください。

絵について具体的に伝わるように、表現を工夫《くふう》してみよう！

22・23ページ

まん画をよく見て書こう。

話したことや聞いたことは、そのまま書くといいよ。

10 体験したことを書く①

体験したことを文章に書く書き方

体験したことを文章に書くときは、次のような手順で取り組みましょう。

① 体験したことを思い出して、いくつか書き出す。

特別な体験でなくてもいいよ。家や学校であった出来事などを思い出してみよう。

② 書き出したことの中から、伝えたい体験を一つ選ぶ。

どんなことがあったか、くわしく思い出せる体験を選ぼう。

③ 体験をくわしく思い出して、〈構成メモ〉を書く。
・出来事を順序よく思い出そう。
・したこと、見たこと、言ったこと、聞いたことなどを思い出そう。

④ 〈構成メモ〉をもとに文章を書く。

◆〈構成メモ〉の書き方

〈構成メモ〉は、「はじめ」「中」「終わり」の組み立てで書いてみよう。

〈構成メモ〉

はじめ	どんな体験をしたのか。
中	体験のくわしい内容 ・初めに何があったか。 ・次に何があったか。 ・最後に何があったか。 そのときどう思ったか。
終わり	体験を通して感じたことや学んだこと。

わたしは、夏休みに家族で山にキャンプに行ったから、そのことを書こうかな。

ぼくは、休みの日におじさんと海につりに行って、アジをつることができたから、そのことを書きたいな。

❶ ゆうとさんの海につりに行った体験についてのまん画を見て、〈ゆうとさんのメモ〉の（　）に合う言葉を書きましょう。

〈ゆうとさんのメモ〉

体験のくわしい内容
・初めに何があったか。
つり針に（えさ）をつけようとしてうまくいかなかったとき、おじさんは「針の先をよく見て、（落ち着いて）つければいいよ。」と言ってくれた。
・次に何があったか。
えさをかけた針を海に落として待ったが、なかなか目的の（アジ）がつれなかった。
おじさんは、「つりは、（がまん強く待つ）ことが大事なのさ。」と言ってくれた。
・最後に何があったか。そのときどう思ったか。
じっと待っていたら、アジをつることができた。とても（うれしい）気持ちになった。

次は、ここで書いたことをもとに、文章を書いていくよ。

24・25ページ

〈ゆうとさんの構成メモ〉をよく見て書こう。

11 体験したことを書く ❷

❶ ゆうとさんが体験したことを〈構成メモ〉にまとめました。〈ゆうとさんの構成メモ〉を見て、〈ゆうとさんの文章〉の（　）に合う言葉を書きましょう。

〈ゆうとさんの構成メモ〉

はじめ	おじさんと海にアジをつりに行った。
中	・つり針《ばり》にえさをつけようとしたが、うまくいかなかった。おじさんは、「針の先をよく見て、落ち着いてつければいいよ。」と言ってくれた。 ・えさをかけた針を海に落として待ったが、なかなかアジがつれなかった。おじさんが「つりは、がまん強く待つことが大事なのさ。」と言ってくれた。 ・じっと待っていたら、アジをつることができて、とてもうれしい気持ちになった。
終わり	次はもっとたくさんつりたい。

主語と述語が正しくつながっているか確かめよう。
×わたしが学んだことは、～学びました。
○わたしは、～を学びました。

〈ゆうとさんの文章〉

ぼくは、おじさんと海にアジをつりに行きました。
まず、（つり針）にえさをつけようとしましたが、うまくできませんでした。（おじさん）が「針の先をよく見て、落ち着いてつければいいよ。」と言ってくれました。
えさをかけた針を海に落として待っていましたが、なかなかアジがつれませんでした。おじさんは、「つりは、がまん強く待つことが大事なのさ。」と言ってくれました。
じっと待っていたら、アジをつることができて、とてもうれしい気持ちになりました。
次は、（もっとたくさんつりたい）と思いました。

❷ あなたが最近体験したことを文章に書く準備をします。最近体験したことを思い出して、三つ書きましょう。

例 ◯ 体育の時間に側転ができるようになった。

（例）
◯ おばさんといとこといっしょに、イルカウォッチングに行った。
□ 家族で山にキャンプに行った。
□ 兄とプラモデルを作った。

❸ ❷で書いた中から、文章に書いて伝えたいことを一つ選んで、□に○を書きましょう。

出来事をくわしく思い出せる体験を選ぼう。

❹ ❸で選んだ体験について順序よく思い出し、したことや見たこと、言ったこと、聞いたことなどを書きましょう。

・初めに何があったか。
（例）おばさんといとこといっしょに、車で、イルカウォッチングができる海に行った。港で船に乗り、イルカがいるポイントまで行った。

・次に何があったか。
（例）イルカのいるポイントに船が着くと、水面をイルカが泳いでいるのが見えた。初めて本物のイルカを見たので、いとこと、「すごい！」とさけんだ。

・最後に何があったか。そのときどう思ったか。
（例）一ぴきのイルカが海から飛び出したのをきっかけに、何頭ものイルカが続々と海の上を飛び回った。夢のような時間だった。

出来事を順番にくわしく思い出してみよう。だれかといっしょにした体験の場合は、相手や自分が言ったことも思い出そう。

26・27ページ

12 体験したことを書く ❸

❶ 25ページ❹で書いたことをもとに、〈構成メモ〉をまとめましょう。

〈構成メモ〉（例）

はじめ	▼どんな体験をしたかを書こう。 イルカウォッチングに行った。
中	▼初めに何があったかを書こう。 おばさんといとこといっしょに、車で、イルカウォッチングができる海に行った。港で船に乗り、イルカがいるポイントまで行った。 ▼次に何があったかを書こう。 イルカのいるポイントに船が着くと、水面をイルカが泳いでいるのが見えた。初めて本物のイルカを見たので、いとこと、「すごい！」とさけんだ。 ▼最後に何があったか、そのときどう思ったかを書こう。 一ぴきのイルカが海から飛び出したのをきっかけに、何頭ものイルカが続々と海の上を飛び回った。夢のような時間だった。
終わり	▼体験を通して感じたことや学んだことを書こう。 本物のイルカをたくさん見ることができて感動した。また見たい。

体験を終えてどう感じたか、次にどうしたいかなどを書こう。

❷ ❶の〈構成メモ〉を見て、文章を書きましょう。

（例）

はじめ
▼どんな体験をしたかを書こう。
わたしは、イルカウォッチングに行きました。

中
▼体験のくわしい内容を書こう。
おばさんといとこといっしょに、車で、イルカウォッチングができる海に行きました。港で船に乗り、イルカがいるポイントまで行きました。
イルカのいるポイントに船が着くと、水面をイルカが泳いでいるのが見えました。初めて本物のイルカを見たので、いとこと、
「すごい！」
とさけんでしまいました。
一ぴきのイルカが海から飛び出したのをきっかけに、何頭ものイルカが続々と海の上を飛び回りました。夢のような時間でした。

終わり
▼体験を通して感じたことや学んだことを書こう。
本物のイルカをたくさん見ることができて感動しました。また見たいです。

書いたら見直して、主語と述語が正しくつながっているかを確かめよう。

〈構成メモ〉に書いたことをそのままつなげていくと、文章になるよ。

話した言葉は，改行して「　」に入れて書こう。

28・29ページ

1、2、3のまとまりごとにゆうとさんがどんなことを書いているかを読み取ろう。

資料①で示している内容を選ぼう。

13 社会科見学の報告文を書く①

見学して報告文を書くときの書き方

社会科見学などで見学したことについて、報告文を書くときは、次の手順でまとめましょう。

① 見学する前
・知りたいことをまとめておく。

② 見学するとき
・見たことや聞いたこと、気づいたことを書きとめて〈見学メモ〉を作る。
・見学先の人に、聞きたいことをインタビューして〈インタビューメモ〉を作る。
・パンフレットなどの資料があれば入手する。

③ 見学した後
・取った〈メモ〉を整理して、書く内容を選ぶ。
・〈メモ〉や資料をもとに報告文を書く。
・内容に合う図などを用意する。

報告文の構成

報告文は、次のような構成で書こう。

1 調べたことと調べた理由
2 調べてわかったこと
3 調べた感想

インタビューの仕方

見学先の人にインタビューをするときは、次のことに気をつけよう。

① インタビューする前
・質問を事前に考えておく。

② インタビューするとき
・メモを取りながら聞く。
・質問をして疑問《ぎもん》に思ったことや、もっと知りたいと思ったことはその場で聞く。
・ていねいな言葉づかいではっきりと話す。
・あいさつやお礼の言葉をきちんと言う。
・写真さつえいや録音は許可をとってからにする。

❶ 次の報告文を読んで、問題に答えましょう。

国際宇宙《うちゅう》センターの秘密《ひみつ》
六年　木村《きむら》　ゆうと

1 [　　]
科学展示館《てんじかん》の見学で、宇宙飛行士が国際宇宙センター（ISS《アイエスエス》）でどのような生活をしているのかを調べることにしました。無重力に興味があるからです。

2 [　　]
(1) ISSとは
宇宙飛行士が滞在《たいざい》するISSは、地球から四〇〇キロメートルの上空を、秒速七九〇〇メートルのスピードで周回しています。資料①で示《しめ》すように、地球を九十分で一周します。（略）

資料①

(2) 宇宙での食事
宇宙は重力がないので、地上と同じように食事をすることはできません。そのため、食べ方にさまざまな工夫《くふう》があります。

（略）

3 [　　]
ISSでのくらしは、地上とは全くちがうことがよくわかりました。ぼくも、無重力の中で一度食事をしてみたいと思いました。

(1) 報告文の1〜3の見出しに合うものを、[　]から選んで（　）に記号を書きましょう。

1…（ウ）　2…（イ）　3…（ア）

ア 調べた感想
イ 調べてわかったこと
ウ 調べたことと調べた理由

(2) 報告文の[　]に入れるとよい図を、次のア〜ウから選んで、記号を○で囲みましょう。

ア ISSの図　㋑ ISSの位置や速さを示した図　ウ 宇宙空間を示した図

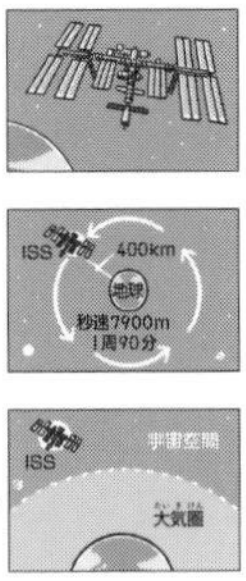

ISS
400km
地球
秒速7900m
1周90分
宇宙空間
大気圏《たいきけん》

文章だけではわかりにくいところは、図や写真を使って説明するとわかりやすくなるよ。

30・31ページ

二日目の工程が三つあるよ。工場の人の言葉をよく読んで書こう。

まんが画の内容をよく読んで、質問に合う答えを探《さが》そう。

14 社会科見学の報告文を書く②

❶ はるかさんは、納豆《なっとう》工場を見学しました。次のまん画を見て問題に答えましょう。

〈工場見学の様子〉

ここから、納豆作りの二日目の工程に入ります。まず、大豆を蒸して納豆きんをつける作業です。

これが、納豆きんが入っている液体です。納豆きんは、においも味も全然ないんですよ。

次は、わらつとに大豆をつめていますよ。

これは、お米を収穫《しゅうかく》した後のいなわらで作ったものなんです。よく見る容器は、白い発ぽうスチロールのものですよね。

そして、ここは発酵室《はっこうしつ》です。中には大豆をつめたわらつとが入っていて、四十度で二十時間発酵させます。

発酵室
発酵させると、納豆きんの働きで、納豆のねばねばとにおいが出ます。発酵は、栄養満点のおいしい納豆を作るための大切な工程なんですよ。


〈工場見学後のインタビューの様子〉

どうして四十度で発酵させるんですか？
納豆きんは、生きていて、活動するのに最適な温度が四十度だからなんですよ。
納豆が苦手な人でも食べられる方法はありませんか？
ありますよ！たとえば、ねばりが苦手な人なら、……。

(1) はるかさんが、工場見学をしながらメモを取りました。〈工場見学の様子〉を見て、〈見学メモ〉の（　）に合う言葉を書きましょう。

〈見学メモ〉

納豆作り二日目
① 大豆を蒸して（納豆きん）をつける。
　→においも（味）もない。
② （わらつと）に大豆をつめる。
　→いなわらの容器
③ 発酵させる。
・（四十度）で二十時間。
・納豆きんの働きで、納豆のねばねばと（におい）が出る。
・栄養満点のおいしい納豆を作る大切な工程。

(2) はるかさんは、工場の人にインタビューをしながらメモを取りました。〈工場見学後のインタビューの様子〉を見て、〈インタビューメモ〉の（　）に合う言葉を書きましょう。

〈インタビューメモ〉

○どうして四十度で発酵させるのか？
・納豆きんは（生きている）。
・（活動するのに）最適の温度だから。
○納豆が苦手でも食べられる方法は？
・ねばりが×……おろし大根を入れる。
・においが×……マヨネーズを入れる。
・いろいろな薬味をためしてほしい。
・食べやすい自分好みの食べ方を見つけて。

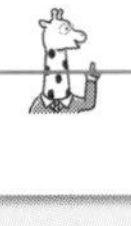

メモを取るときは、記号や数字を使う、短くまとめる、か条書きにするなどして、インタビューの内容を聞きのがさないようにしよう。

32・33ページ

15 社会科見学の報告文を書く③

❶ (1) 次のメモと資料をもとに、はるかさんが社会科見学の〈報告文〉を書きました。〈はるかさんの報告文〉の□に見出し、（　）に合う言葉を書きましょう。

(2) 〈はるかさんの報告文〉の□に入れるとよい図を〈パンフレットの一部〉のア・イから選んで、□の□に記号を書きましょう。

報告文には、インタビューのときに聞いた「話し言葉」を「書き言葉」に直して書くよ。

〈見学メモ〉

二日目
① 大豆を蒸《む》して納豆《なっとう》きんをつける。
　→ においも味もない。
② わらつとに大豆をつめる。
　→ いなわらの容器
③ 発酵《はっこう》させる。
・四十度で二十時間。
・納豆きんの働きで、納豆のねばねばとにおいが出る。
・栄養満点のおいしい納豆を作る大切な工程。

〈インタビューメモ〉

○どうして四十度なのか？
・納豆きんは生きている。
・活動するのに最適な温度。
○納豆が苦手でも食べられる方法は？
・ねばりが×
……おろし大根を入れる。
・においが×
……マヨネーズを入れる。
・いろいろな薬味をためしてほしい。
・食べやすい自分好みの食べ方を見つけて。

〈パンフレットの一部〉

納豆Q＆A

どうしてわらつとにつつむの？
昔は、いねについている納豆きんをそのまま利用して納豆を作っていたからです。

納豆きんってどんなもの？
納豆きんの長さは、約0.003mm。とても小さく肉眼では見えません。

ア　わらつと

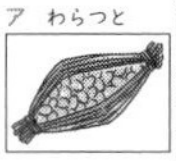

イ　電子顕微鏡《けんびきょう》で見た納豆きん

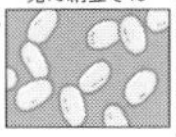

32

〈はるかさんの報告文〉

納豆のねばねばとにおいの秘密《ひみつ》
大野《おおの》　はるか

1　調べたことと調べた理由
わたしは納豆が大好きですが、弟は納豆が苦手で食べられません。納豆工場の見学で、納豆のねばねばとにおいについて調べたいと思いました。

2　**調べてわかったこと**

(1)　納豆の製造方法
一日目は、大豆をよく洗《あら》います。（略《りゃく》）
二日目は、まず、（大豆を蒸して納豆きんをつけます。）
資料①からわかるように、納豆きんは、ウインナーのような形をしていて、とても小さく目には見えません。また、まったく（においも味もしません）。

資料①　イ

次に、（わらつとに大豆をつめます）。
そして、（四十度で二十時間）発酵させます。四十度は、納豆きんが（活動するのに最適の温度だそうです）。
納豆きんがよく働くと、（納豆のねばねばとにおいが出てきます）。
（略）

3　**調べた感想**
ねばねばやにおいは、大豆が栄養満点のおいしい納豆に生まれ変わったサインです。発酵が大切だということがよくわかりました。

33

〈見学メモ〉〈インタビューメモ〉〈パンフレットの一部〉のそれぞれの内容をよく見て書こう。

34・35ページ

16 興味をもって取り組んでいることについて書く①

興味をもって取り組んでいることについての文章の書き方

自分が興味をもって取り組んでいることについて文章を書くときは、次のような手順で書きましょう。

① 興味をもって取り組んでいることを一つ選ぶ。
② 選んだことについて次のような観点でふり返る。
・興味をもつようになったきっかけは何か。
・どんなところが楽しいか。
・見たり、聞いたり、取り組んだりしていると、どんな気持ちになるか。
・おすすめのポイントは何か。
・これからどうしたいか。これからどうなりたいか。
（目標）

きみが興味をもっているのは、どんなことかな？

❶ 次のまん画を見て、ゆうとさんが興味をもって取り組んでいることについて、次ページの〈ゆうとさんのメモ〉を完成させましょう。

〈兄の部屋〉
ゆうとさんのお兄さん
やった！勝ったぞ！
さっき、何をして遊んでいたの？
楽しそう！
トランプゲームだよ。ルールを教えるから、いっしょに遊ぼうか。
自分で戦略が立てられるんだね。戦略がうまくいって勝てるとうれしいな！
友達といっしょに楽しめるところもいいね！もっと強くなって、大会に出てみたいな。

34

〈ゆうとさんのメモ〉

・興味をもって取り組んでいること
　トランプゲーム
・興味をもつようになったきっかけは何か。
　（兄）が友達と遊んでいて、楽しそうだったから。
・どんなところが楽しいか。
　自分で（戦略）を立てられるところ。
・やっているとどんな気持ちになるか。
　戦略がうまくいって勝ったときは（うれしい）気持ちになる。
・おすすめのポイントは何か。
　（友達）といっしょに楽しめるところ。
・これからどうしたいか。
　もっと強くなって、（大会）に出てみたい。

まん画の内容をよく見て書こう。

❷ ❶の〈ゆうとさんのメモ〉を見て、（　）に合う言葉を書き、〈ゆうとさんの文章〉を完成させましょう。

〈ゆうとさんの文章〉

今、ぼくが、興味をもって取り組んでいることは、（トランプゲーム）です。
興味をもつようになったきっかけは、兄が友達と遊んでいるのを見て、（楽しそう）だと思ったことです。
トランプゲームの楽しいところは、自分で戦略が（立てられる）ところです。
また、戦略がうまくいって勝ったときは（うれしい）気持ちになります。
さらに、友達と（いっしょに楽しめる）のもおすすめポイントです。
これから、もっと（強く）なって、大会に出たいです。

「また」「さらに」「だから」「しかし」のような接続語を使うと、文章の流れがはっきりするよ。

35

〈ゆうとさんのメモ〉をよく見て書こう。メモの内容をつなげると、文章になるね。

36・37ページ

17 興味をもって取り組んでいることについて書く②

❶ あなたが今、興味をもって取り組んでいることを書きましょう。

例 ◎ しょうぎ

（例）
◯ サイクリングをすること
□ 本を読むこと
□ 山登りをすること

興味をもって取り組んでいることをいくつか挙げられたかな。三つ書けていなくてもいいよ。

❷ ❶で書いた中から、文章に書いて伝えたいことを一つ選んで、□に○を書きましょう。

どんなところが楽しいかや、やっているときの気持ちを具体的に思いうかべられることを選ぶといいよ。

❸ ❷で選んだことについて、質問に答えながらくわしく思い出して、〈メモ〉を書きましょう。

〈メモ〉（例）

・興味をもつようになったきっかけは何か。
（友達のサイクリング用の自転車がかっこよくて、自分も乗ってみたくなったこと。）
・どんなところが楽しいのか。
（お父さんといっしょに、山や川沿いの自然がたくさんある場所を走るところ。）
・やっているとどんな気持ちになるか。
（風を受けて走るのが気持ちよくて、どんどんこぎたくなる。）
・おすすめのポイントは何か。
（足こしがきたえられて、体力がつくところ。）
・これから、どうしたいか。
（自分が行ったことのない遠い場所まで自転車で行ってみたい。）

自分のことをよく思い出して、質問に答えよう。

❹ ❸で〈メモ〉に書いたことをもとに、あなたが今、興味をもって取り組んでいることを、しょうかいする文章を書きましょう。

▼合うほうを◯で囲もう。

（例）

今、（わたし・ぼく）が興味をもって取り組んでいることは、（サイクリングをすること）です。

興味をもつようになったきっかけは、（友達のサイクリング用の自転車がかっこよくて、自分も乗ってみたくなったこと）です。

お父さんといっしょに、山や川沿いの自然がたくさんある場所を走るところが楽しいです。また、サイクリングをしていると、風を受けて走るのが気持ちよくて、どんどんこぎたくなります。

さらに、こいでいるうちに、足こしがきたえられて、体力がつくところも、おすすめのポイントです。

これから、自分が行ったことのない遠い場所まで自転車で行ってみたいです。

「また」「さらに」「そして」などの接続語を使って、文章の流れをはっきりさせてみよう！

〈メモ〉に書いたことをつなげて、文章にできているかな。

36 37

38・39ページ

18 将来《しょうらい》の夢について書く①

将来の夢の書き方

将来の夢について書くときには、今の自分をよくふり返り、夢をかなえるためにどうしたいのかを示しましょう。

次のような手順で考えよう。

① なりたいものや、やりたいことを考えて将来の夢を決める。

将来の夢がまだ決まっていない人は、何に興味があるのかや、どんなことをしたいかを考えてみよう。

② 夢についてくわしく考える。
・なぜその夢をもったのか。
・夢がかなったら、具体的にどんなことをしたいか。
・夢を実現するために、これからどんなことをするつもりか。

こんなことを考えてみよう。

③ 〈構成メモ〉を書く。

◆〈構成メモ〉の書き方

「はじめ」「中」「終わり」の組み立てで書いてみよう。

はじめ	・将来の夢は何か。 ・その夢をもつようになった理由。
中	・夢がかなったら、具体的にどんなことをしたいか。
終わり	・夢を実現するために、これからどんなことをするつもりか。

④ 〈構成メモ〉をもとに文章にまとめる。

わたしは、ゲームクリエイターに興味があるよ。

ぼくは、消防士になるのが夢なんだ。

❶ 次のまん画を見て、はるかさんの将来の夢について、（　）に合う言葉を書きましょう。

ゲームの、現実では体験できないようなことを体験できるところが大好きなんだ。

すてきな夢だね！

・ゲームクリエイターになりたい理由
好きなゲームを作っている人の（インタビュー記事）を読んで、ゲームクリエイターの仕事に興味をもったから。
・ゲームクリエイターになったら、どんなことをしたいか。
（世界中の人）に楽しんでもらえるようなゲームを作りたい。
（わくわく）して、あっとおどろくような体験ができるゲームにしたい。
・ゲームクリエイターになるために、これからどんなことをするつもりか。
いろいろな（経験）をして、ゲームで表現できることを広げられるようにしたい。

次は、考えたことを〈構成メモ〉にして、文章にまとめる練習をするよ。

まん画のはるかさんの言葉に注目しよう。

38 39

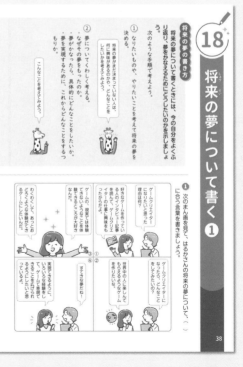

40・41ページ

19 将《しょう》来《らい》の夢について書く❷

❶〈はるかさんの構成メモ〉を見て、〈はるかさんの文章〉の（　）に合う言葉を書き、文章を完成させましょう。

〈はるかさんの構成メモ〉

はじめ	・将来の夢はゲームクリエイター。 ・好きなゲームを作っている人のインタビュー記事を読んで、ゲームクリエイターの仕事に興味をもったから。
中	・世界中の人に楽しんでもらえるようなゲームを作りたい。 ・わくわくして、あっとおどろくような体験ができるゲームにしたい。
終わり	・いろいろな経験をして、ゲームで表現できることを広げられるようにしたい。

文章に書くことをまとめたよ。

〈はるかさんの文章〉

はじめ　わたしの将来の夢は、（ゲームクリエイター）になることです。好きなゲームを作っている人のインタビュー記事を読んで、ゲームクリエイターの仕事に興味をもったからです。

中　もしゲームクリエイターになったら、世界中の人に（楽しんで）もらえるようなゲームを作りたいです。わくわくして、（あっとおどろく）ような体験ができるゲームにしたいです。

終わり　そのために、いろいろな経験をして、（ゲームで）表現できることを広げられるようにしたいです。

〈はるかさんの構成メモ〉をよく読もう。

❷あなたの将来の夢を書きましょう。

（例）ダンスの先生

職業ではなく、「困《こま》っている人を助けられるようになりたい」「犬やねこと暮らしたい」など、したいことや、してみたい生き方を書いてもいいよ。

❸次の質問に答えながら、あなたの将来の夢について考えてみましょう。

・どんなきっかけがあって、その夢をもつようになったのか。

（例）運動は苦手だったが、通っているダンス教室の先生が明るくやさしくダンスを教えてくれたので、体を動かすことが好きになった。わたしも、こんなダンスの先生になりたいと思った。

・夢がかなったら、具体的にどんなことをしたいか。

（例）子どもからお年寄りまで、たくさんの人に、体を動かすことの楽しさを伝えたい。

・そのことをしてみたいのは、どうしてか。

（例）運動が苦手だった自分でも、ダンスを通して、体を動かすことの楽しさを知ることができたから。

・夢を実現するために、これからどんなことをするつもりか。

（例）どんな人にも教えることができるように、いろいろな種類のダンスを身につけようと思っている。

ここで考えたことをもとに、〈構成メモ〉を書いて、文章にまとめていくよ。

してみたいことを具体的に考えられたかな。

42・43ページ

20 将《しょう》来《らい》の夢について書く❸

❶あなたの将来の夢について、41ページで書いたことを〈構成メモ〉にまとめましょう。

〈構成メモ〉（例）

はじめ	▼将来の夢は何かを書こう。 ダンスの先生 ▼その夢をもつようになった理由を書こう。 運動は苦手だったが、通っているダンス教室の先生が明るくやさしくダンスを教えてくれたので、体を動かすことが好きになった。わたしも、こんなダンスの先生になりたいと思った。
中	▼夢がかなったらどんなことをしたいか、なぜしたいかなどを具体的に書こう。 子どもからお年寄りまで、たくさんの人に、体を動かすことの楽しさを伝えたい。運動が苦手だった自分でも、ダンスを通して、体を動かすことの楽しさを知ることができたから。
終わり	▼夢を実現するために、これからどんなことをするつもりかを書こう。 どんな人にも教えることができるように、いろいろな種類のダンスを身につけようと思っている。

❷❶の〈構成メモ〉を見て、文章を書きましょう。

（例）

▼合うほうを◯で囲もう。　▼あなたの将来の夢は何かを書こう。

（わたし・ぼく）の将来の夢は、（ダンスの先生になること）です。

運動は苦手でしたが、通っているダンス教室の先生が明るくやさしくダンスを教えてくれたので、体を動かすことが好きになりました。わたしも、こんなダンスの先生になりたいと思いました。

ダンスの先生になったら、子どもからお年寄りまで、たくさんの人に、体を動かすことの楽しさを伝えたいです。運動が苦手だった自分でも、ダンスを通して、体を動かすことの楽しさを知ることができたからです。

これから、どんな人にも教えることができるように、いろいろな種類のダンスを身につけようと思っています。

「はじめ」「中」「終わり」の組み立てを意識して書けたかな？

〈構成メモ〉に書いたことをつなげると、文章になるよ。

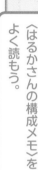

44・45ページ

それぞれの調べ方の特ちょうをしっかりつかもう。

21 調べたことを書く①

意見文や報告文を書くための情報の集め方

自分の意見や考えを説明するときには、客観的な情報を集めて、それを用いて説明することで、説得力をもたせることができます。
情報の集め方を見ていきましょう。

◆情報の集め方や調べ方とその特ちょう

集め方・調べ方	特ちょう
図書館の本や新聞で調べる。	・専門家《せんもんか》の意見を知ることができる。 ・信らいできる情報が多い。
インターネットで調べる。	・世界中の最新情報をすぐに得られる。 ・いつでも情報を探《さが》すことができる。
インタビューする。	・質問や疑問《ぎもん》をその場で聞ける。 ・相手の考えや思いを聞ける。
アンケートを取る。	・全体のけい向を知ることができる。 ・回答数が多いほど信らい度が上がる。
実際に見て調べる。	・リアルな感想をもてる。 ・対象を実感できる。

◆情報を集めるときの注意点
★いつの情報かを確かめよう。
本…出版されてから時間がたっていると情報が古くなっている場合がある。
インターネット…最新の情報も過去の古い情報も出ているので日付を見る。
★だれが発信した情報かを確かめよう。
インターネットの情報は不正確なこともあるので、複数のウェブサイトで確認《かくにん》したり、信らいできるサイトで調べたりする。

信らいできるサイト
・国や都道府県などの公共機関のサイト
・新聞社や博物館などのサイト
・大手の企業《きぎょう》が運営するサイト　など

★自分の意見や考えに合う情報を選ぼう。

❶ 次の内容は、どの情報の集め方の説明でしょう。□から選んで、（　）に記号を書きましょう。

（イ）自宅にいても、最新の情報を簡単《かんたん》に知ることができる。
（ウ）相手の考えや思いを直接聞いたり、すぐに質問ができたりする。
（オ）調べる対象について、リアルな感想をもてる。
（エ）回答数が多いほど、情報の信らい度が上がり、全体のけい向がわかる。
（ア）専門家などの信らいのできる情報を得られる。

ア　図書館の本や新聞で調べる。
イ　インターネットで調べる。
ウ　インタビューする。
エ　アンケートを取る。
オ　実際に見て調べる。

❷ はるかさんは、「小学生の読書量」について調べて、報告する文章を書くことにしました。使うとよい資料をア～ウから二つ選んで、記号を〇で囲みましょう。

(ア)
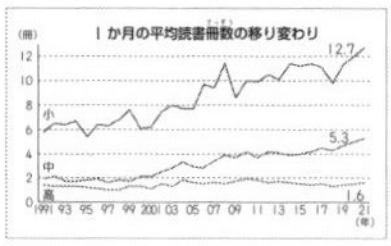

イ
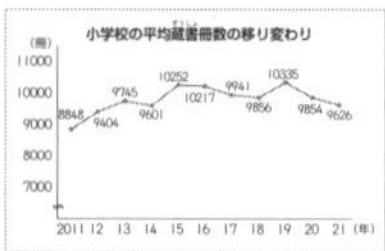

(ウ)
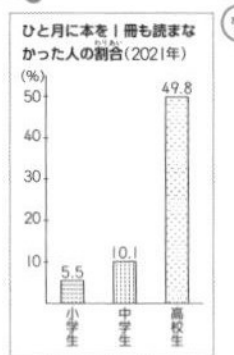

※ア～ウは全国学校図書館協議会「第66回学校読書調査」をもとに作成

「小学生の読書量」についてわかるグラフを選ぼう。

44　45

46・47ページ

22 調べたことを書く②

資料を活用して文章を書く方法①

資料を活用するときは、表やグラフの内容を正しく読み取る必要があります。次のことに気をつけて活用しましょう。

◆資料を読み取るときのポイント
・資料名を見て、何についての資料かを確認《かくにん》する。
・数値《すうち》の大きいところや小さいところ、全体のけい向に注目する。
・複数の資料があるときは、資料の内容を比べたり関連づけたりする。

◆資料から読み取ったことをメモにまとめておく。
・数値や言葉は正確に書く。
・調べていて、気づいたことはメモしておく。

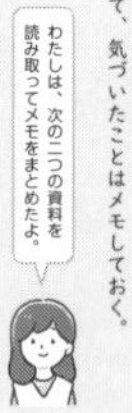

例　「小学生の読書量」について

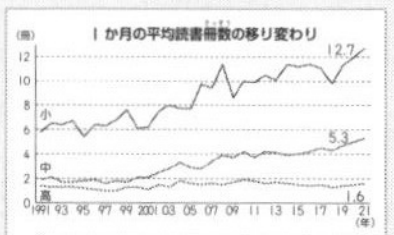

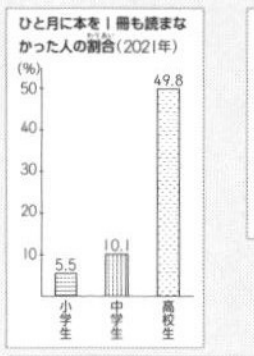

〈はるかさんのメモ〉

・一か月の平均読書冊数の移り変わり
・小学生がいちばん多く十二・七冊（二〇二一年）。
・高校生がいちばん少なく一・六冊（二〇二一年）。
・小学生は一か月間の読書量が年々増加している。

・一か月に本を一冊も読まない人の割合
・いちばん少ないのは、小学生の五・五％。
・いちばん多いのは、高校生の四九・八％。

・わかったこと・自分の考え……小学生がいちばん読書量が多いのは、中学生や高校生に比べて、自由時間が多いからかもしれない。

❶ ゆうとさんは、次の資料の内容を読み取り、〈ゆうとさんのメモ〉に書きました。（　）に合う言葉や数字を書きましょう。

〈資料①〉

〈資料②〉

〈資料③〉
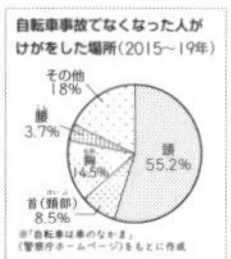

〈ゆうとさんのメモ〉

（資料①）年代別の（自転車事故）の死傷者数
・十代が最も多く、（一六八三八）人。
・（十さい未満）が最も少なく、二四八七人。
（資料②）自転車乗用中の事故の死傷者のヘルメット着用割合
・（八九・八）％の人がヘルメットを着用していなかった。
（資料③）自転車事故でなくなった人がけがをした場所
・頭のけがが最も多く、全体の（五五・二）％にあたる。
（わかったこと・自分の考え）
自転車に乗るときには、（ヘルメット）をかぶり頭を守ることが大切だ。特に十代は他の年代に比べて死傷者数が多いので、気をつけなくてはいけない。

グラフの数値《すうち》をよく見よう。

46　47

48・49ページ

23 調べたことを書く ③

資料を活用して文章を書く方法②

資料を活用して自分の意見を文章に書くときには、次のような構成でわかりやすくまとめましょう。

◆文章の構成

はじめ	・何について調べたか ・調べたきっかけ
中	・調べてわかったこと どの資料からわかることかを書く。 数値《すうち》や言葉を正しく書く。 ・気づいたこと
終わり	・調べてわかったことをふまえた自分の考え

◆引用した資料の出典を資料の近くに書いておく。根きょをはっきりさせることが大切だよ。

数値を使うときは正しく書こう。

❶ はるかさんは、「ニュースを知りたいときにどんなメディアを利用するか」について、次のような資料を集めました。

〈資料①〉 〈資料②〉

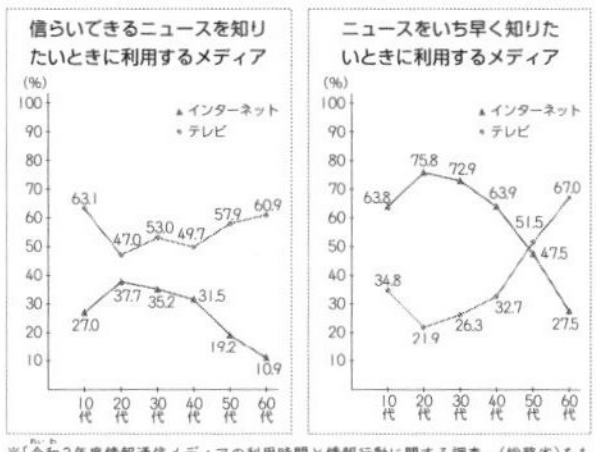

ニュースをいち早く知りたいときに利用するメディア
(%)
100
90
80
70
60
50
40
30
20
10
▲インターネット
・テレビ
63.8
75.8
72.9
63.9
51.5
47.5
27.5
34.8
21.9
26.3
32.7
67.0
10代
20代
30代
40代
50代
60代
信らいできるニュースを知りたいときに利用するメディア
63.1
47.0
53.0
49.7
57.9
60.9
27.0
37.7
35.2
31.5
19.2
10.9

※「令和《れいわ》3年度情報通信メディアの利用時間と情報行動に関する調査」(総務省)をもとに作成

(1) はるかさんは、〈資料〉をもとに〈構成メモ〉を作りました。〈はるかさんの構成メモ〉を見て、〈はるかさんの意見文の一部〉の( )に合う言葉を書きましょう。

〈はるかさんの構成メモ〉

はじめ	・ニュースをどんなメディアで知るか。 ・きっかけは、祖母がテレビ、姉がインターネットでニュースを見ていたこと。
中	(資料①) 「ニュースをいち早く知りたいときに利用するメディア」 ・インターネットの利用率が最も高いのは、二十代の七五・八%。 ・十代から四十代は、テレビよりもインターネットを使う人が多い。 (資料②) 「信らいできるニュースを知りたいときに利用するメディア」 ・すべての年代で、インターネットよりもテレビを使う人が多い。 (二つの資料からわかったこと) ・インターネットの利用率は、二十代がいちばん高く、世代が上がるにつれて低くなる。 ・五十代、六十代はテレビを使う人が多い。
終わり	・若《わか》い世代は、目的に合わせてインターネットとテレビを使い分けているのではないだろうか。

〈はるかさんの意見文の一部〉

資料①は、「ニュースを(いち早く知りたいとき)に利用するメディア」を世代別に示しています。十代から四十代は、(テレビ)よりも(インターネット)を利用していることがわかります。特に、二十代が(利用率が最も高く、七五・八%でした)。

資料②は、(「信らいできるニュースを知りたいときに利用するメディア」を世代別に示しています)。すべての年代で(インターネットよりもテレビを使う人が多いことがわかりました)。

二十代がいちばんインターネットの利用率が高く、(世代が上がるにつれて利用率が低くなる)ことがわかりました。五十代、六十代では、テレビを使う人が多いです。

〈はるかさんの構成メモ〉の中の部分をよく見て書こう。

50・51ページ

24 調べたことを書く ④

(1) ❶ 「食品ロスの問題」について調べて、報告する文章を書きます。次の二つの〈資料〉の内容を読み取り、〈構成メモ〉を書きましょう。

〈資料①〉

家庭の食品ロスのうちわけ
(2020年)
過剰除去(肉の脂身・野菜の皮など食べられる部分を多く捨てること)
33万トン
食べ残し105万トン
直接はいき
109万トン
247万トン

直接はいきと食べ残しがほとんどだね。
残さずに食べることに取り組んでいる人がいちばん多いみたいなのに。

〈資料②〉

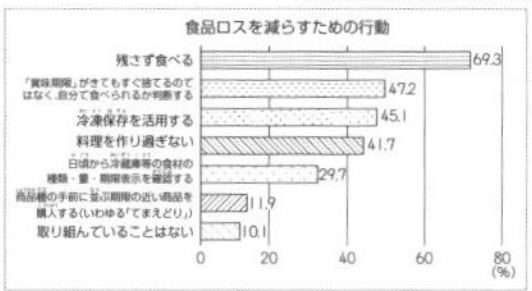

食品ロスを減らすための行動
残さず食べる
69.3
「賞味期限」がきてもすぐ捨てるのではなく、自分で食べられるか判断する
47.2
冷凍保存を活用する
45.1
料理を作り過ぎない
41.7
日頃から冷蔵庫等の食材の種類・量・期限表示を確認する
29.7
商品棚の手前に並ぶ期限の近い商品を購入する(いわゆる「てまえどり」)
11.9
取り組んでいることはない
10.1
0
20
40
60
80
(%)

〈構成メモ〉(例)

はじめ	●何について調べたか・調べたきっかけ ・食品ロスの問題について ・個人で取り組めることを調べたい
中	●調べた内容・調べてわかったこと 資料① 「家庭の食品ロスのうちわけ」 ・直接はいき(一〇九万トン)と食べ残し(一〇五万トン)がほとんど。 資料② 「食品ロスを減らすための行動」 ・残さず食べるが六九・三%でいちばん多い。 ・取り組んでいることはない人が十・一%。 二つの資料から気づいたことは? ・残さず食べる以外の行動にも取り組みたい。 ・取り組んでいることはない人に呼びかけるといいと思う。
終わり	●調べたことをふまえた自分の考え ・買いすぎないなど、買うときに気をつける。 ・食品ロスの問題を多くの人に呼びかける。

※資料①「食品ロス削減《さくげん》ガイドブック」令和《れいわ》4年度版をもとに作成(消費者庁)
資料②「消費者の意識に関する調査」令和3年度版をもとに作成(消費者庁)

数値の大きいところや小さいところなどに注目しよう。二つの資料を関連づけて考えをまとめよう。

(2) (1)の〈構成メモ〉にまとめたことをもとにして、文章を書きましょう。(例)

「食品ロス」とは、まだ食べられる食品が捨てられてしまう問題のことです。二〇二〇年に家庭から出た食品ロスは二四七万トンで、これは、国民一人《ひとり》が毎日おにぎりを一個捨てている量になります。とてももったいないです。そこで、個人で取り組めることはないか調べることにしました。

資料①は、家庭から出る食品ロスのうちわけを表したものです。最も多いのは、直接はいきの一〇九万トン、次が食べ残しの一〇五万トンでした。直接はいきと食べ残しが家庭から出る食品ロスのほとんどです。

資料②は、食品ロスを減らすために取り組んでいる行動を表したものです。残さずに食べることに取り組んでいる人が最も多く、六九・三%でした。十・一%の人は何も取り組んでいませんでした。

食べ残さないことに取り組む人が多いのに、食べ残しが多いのなら、それ以外の方法にも力を入れなくてはいけないと思います。また、すべての人に関心をもってもらえるように、呼びかけるとよいのではないでしょうか。

家庭からの食品ロスを減らすには、単に食べ残さないのではなく、むだのないように買い物をしたり、多くの人へ呼びかけたりすることが必要だと考えます。

資料①・資料②からわかること→二つの資料から気づいたこと→あなたの考えの順にまとめよう。

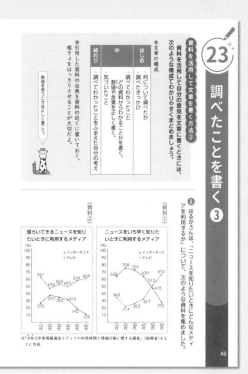

25 気になるニュースを伝える ❶

気になるニュースについて伝える

自分が新聞記事を読んで、興味をもったニュースについてしょうかいするときには、どんなニュースでどのように感じたかをはっきり伝えましょう。

◆新聞記事の構成をおさえて、「いつ」「どこで」「だれが」「何を」「なぜ」「どのように」の六つのポイントをとらえる。

◆自分がいちばん印象に残ったのはどこか、それはなぜかを考える。

◆その記事を読んで感じたこと、考えたこと、学んだことは何かを考える。

同じ話題について書かれた複数の記事を読み比べると、考えが深まるよ。

◆文章は次のような構成でまとめるとよい。

はじめ	何のニュースについてか
中	・記事の内容 ・印象に残ったこととその理由
終わり	まとめ・感想や考え

〈新聞記事の構成の例〉

見出し
記事の内容を短い言葉でまとめたもの。

リード文
記事の内容を短くまとめたもの。

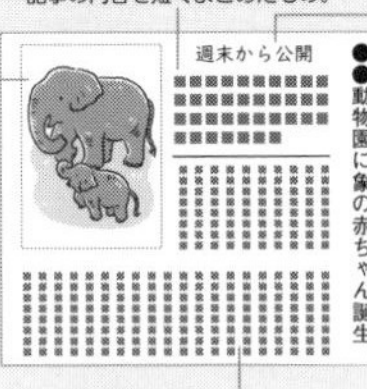

写真・図など
記事の内容をわかりやすく伝えるもの。

本文
出来事についてのくわしい内容。

❶ 次の新聞記事を読んで問題に答えましょう。

心地《ここち》よいつまみ 調《しら》べて イグ・ノーベル賞《しょう》

松崎元《まつざきげん》さん（千葉工業大学教授《ちばこうぎょうだいがくきょうじゅ》）

人々を笑わせ、考えさせる研究におくられる「イグ・ノーベル賞」。今年は、つまみを回すときの指の使い方を研究し、使い心地のよさを調べた千葉工業大学教授の松崎元さんたちが「工学賞」に選ばれました。（松野朝香）

20年《ねん》前《まえ》の研究《けんきゅう》／だまされているかと

受賞した研究は、松崎さんが大学院生だった20年以上前に取り組んだものです。受賞の連絡はメールで来たそうですが、松崎さんは「最初はだまされているのかと思いました。本当だとわかってからもずいぶん昔の研究だったので驚きました」と笑います。

大学院では、身の回りの道具を、それを人間がどのように操作するかを研究していました。たとえば水道の蛇口。最近は上下に動かすレバーハンドルが主流ですが、20年以上前にはつまんで回すタイプのハンドルがたくさんあり、関心を持ちました。

調べてみると、同じ大きさでも、指をかける溝の数がちがうなど、さまざまなデザインのものがあることがわかりました。

そこで、蛇口に限らず、つまんで回すという動作をする場合、どんなデザインが使いやすいか実験することにしました。

実験では、つまみの代わりに木製の円柱を45本準備しました。45本はどれも直径がちがい、7ミリから13センチまで少しずつ大きくなっています。この45本すべてを30人以上の学生に上からつまんで回してもらい、動画で撮影しました。

実験を重ねると、つまみの直径によって使う指の本数が変わることがわかりました。直径2センチのものなら、ほとんどの人が3本の指を使い、3センチや4センチなら4本、5、6センチをこえると5本すべてを使っていました。

さらに、同じ直径のつまみなら、多くの人がだいたい同じ位置に指を置くこともわかりました。このことから、つまみの直径に対して、使う指の数とつまみの溝の位置が合っていると、使いやすくなるという結論になりました。

蛇口のハンドルにもいろいろなデザインのものがあります

左手に賞金の「10兆ジンバブエドル紙幣」、右手に「トロフィー」を持つ松崎元さん。ジンバブエドルはすでに廃止された通貨で価値がなく、「トロフィー」は印刷して自分で組み立てます

つまみを回すときの指の使い方は？

回し始めに使う指の本数 2本 3本 4本 5本

使う本数は、直径で変わる ↓ 使いやすいデザインにつながる

「朝日小学生新聞」二〇二二年九月三十日 より

(1) だれが、何をしたことを伝える記事でしょう。

だれ……（松崎元さん）

何をした……二〇二二年の（イグ・ノーベル賞）の工学賞を受賞した。

(2) どのような研究について書かれていますか。

つまみを回すとき、どのような（デザイン）が使いやすいかを調べる研究をした。

その結果、つまみの（直径）に対して、使う（指の数）とつまみの（みぞの位置）が合っていると使いやすいことがわかった。

(3) 賞に選ばれたことを知ったとき、どのように思ったと書かれていますか。

最初は（だまされている）のかと思ったが、事実だとわかっても、（二十年）以上前の研究だったから、おどろいた。

記事の中の松崎《まつざき》さんの言葉に注目しよう。

26 気になるニュースを伝える ❷

❶ 53ページの記事について、はるかさんたちが話しています。やり取りを読んで、記事をしょうかいする文章を書くための〈構成メモ〉を書きましょう。

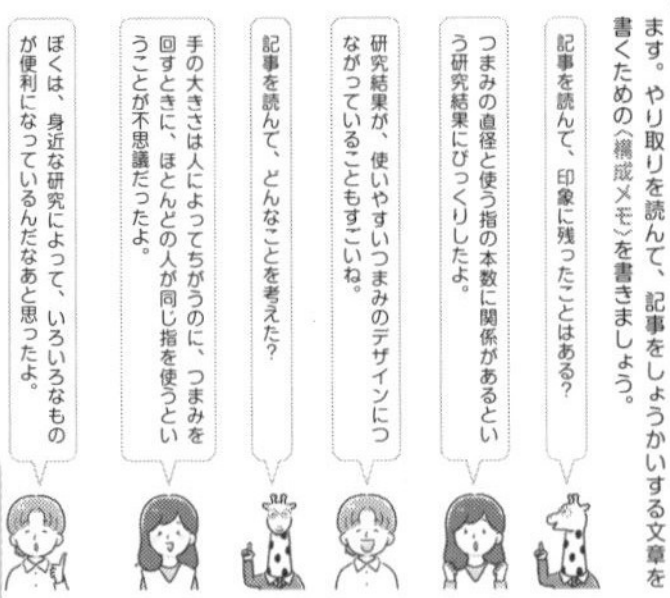

〈構成メモ〉

はじめ	中		終わり
何のニュースについてか	記事の内容	印象に残ったこととその理由	まとめ・感想や考え
イグ・ノーベル賞を受賞した研究について。	松崎元《まつざきげん》さんが、使いやすい（つまみ）について調べた研究でイグ・ノーベル賞の工学賞を受賞した。研究では、つまみの直径に対して、使う指の数とつまみのみぞの位置が合っていると（使いやすい）ことがわかった。	（例）（つまみを回すときに、その直径によって使う指の数が変わることが印象に残った。手は人によって大きさがちがうのに、不思議だったから。）	（例）（身近な疑問を真けんに研究すれば、大きな成果につながることもあるのだと思った。） ◀記事を読んで感じたこと、考えたこと、学んだことを書こう。

記事を読んで、おどろいたことや、初めて知ったことはないかな。

❷ ❶の〈構成メモ〉にまとめたことをもとに、記事をしょうかいする文章を完成させましょう。

何のニュースについてか

（例）（ぼく・わたし）は、「（イグ・ノーベル賞）を受賞した研究」についての記事をしょうかいします。
◀合うほうを◯で囲もう。

記事の内容

この記事では、（松崎元さんが、使いやすいつまみについて調べた研究でイグ・ノーベル賞の工学賞を受賞した）ことが書かれています。研究では、つまみの直径に対して、使う指の数とつまみのみぞの位置が合っていると使いやすいことがわかりました。（例）

印象に残ったこととその理由

記事を読んで印象に残ったのは、（つまみを回すときに、その直径によって使う指の数が変わることです。手は人によって大きさがちがうのに、不思議だったからです。）

まとめ・感想や考え

（（例）身近な疑問を真けんに研究すれば、大きな成果につながることもあるのだと思いました。）

最後に、「みなさんも、ぜひ記事を読んでみてください。」など、おすすめする言葉を書いてもいいよ。

記事全体を読んで、思ったことを書こう。

なぜ印象に残ったのかも書こう。

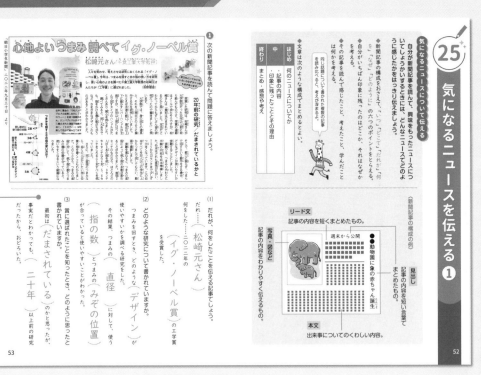

56・57ページ

27 文章を読んで意見文を書く①

文章を読んで書く意見文の書き方

文章を読んで自分の意見を伝える文章を書くときは、次のような手順で考えましょう。

① 文章で述べられている筆者の主張を読み取る。

「〜と考える。」などの文末表現にも気をつけて、事実か考えかを読み分け、主張をとらえよう。

② 文章のテーマについて、自分の体験や見聞の具体例を探《さが》そう。

テーマについての自分の体験や見聞が、自分の主張の根きょになるよ。見つけたら、メモに書いておこう。

③ 体験や見聞をもとに、自分の考えをはっきりさせよう。

◆文章を読んで意見文を書くときは、次のような構成でまとめるとよい。

はじめ	筆者の主張とそれをふまえた自分の主張
中	主張の根きょになる、自分の体験や見聞の具体例
終わり	まとめと自分の主張

「はじめ」と「終わり」で、主張をはっきりと伝えるんだね。

意見文の文章構成は、次の3つがあるよ。今回はウの型で書こう。

意見文の文章構成

ア 意見を「はじめ」で述べる。
イ 意見を「終わり」で述べる。
ウ 意見を「はじめ」と「終わり」で述べる。

❶ 次の文章を読んで、問題に答えましょう。

おもしろいネズミの実験を紹介《しょうかい》します。ゴールにたどりつくルートが7通りある迷路をつくり、ネズミがもっとも短いルートを見つけるのに何日かかるかを調べました。とちゅうに行き止まりをつくるなど、ゴールまでの道を複雑にし、複数のネズミで実験を重ねたところ、期間は3〜18日と差はあるものの、どのネズミもいちばん短いルートを見つけることができました。このとき、最短ルートを見つけるのが早かったのは、行き止まりにぶつかった回数が多いネズミでした。また、「初期に」いろいろなまちがいをたくさんしたネズミのほうが、いちばん短いルートや※効率的なまわり道を見つけられることもわかりました。

（中略）

失敗したほうが、いい結果を得られたのはなぜなのか——。立ち止まって失敗をふりかえり、反省することによって行動を修正する。そのことが脳《のう》を成長させたのではないかと、ぼくは考えています。

大人になると、失敗がゆるされないときもあります。でも、人生の初期にあるみんなは、失敗をおそれる必要はありません。「まちがえてラッキー」と思うくらいでちょうどいいのです。

※効率的…むだがなく進む様子。

『モヤモヤそうだんクリニック』池谷裕二《いけがやゆうじ》著（ＮＨＫ出版）

(1) 何について書かれた文章でしょう。

（失敗）することのよさについて。

(2) 筆者の主張はどんなことですか。

失敗が脳を成長させるので、人生の初期では、（失敗をおそれる）必要はないということ。

(3) 筆者は、(2)の根きょとしてどんなことを挙げていますか。

実験によって、（行き止まり）にぶつかった回数が多いネズミや、「初期に」いろいろなまちがいを（たくさん）したネズミのほうが、最短ルートや効率的なまわり道を見つけられることがわかったこと。

根きょとして実験の例を挙げているから、説得力のある主張になっているね。

筆者は、「人生の初期にあるみんなは、失敗をおそれる必要はありません。」と述べているね。

58・59ページ

28 文章を読んで意見文を書く②

❶ 56〜57ページの文章を読んで、「失敗することのよさ」について、あなたの考えをまとめましょう。

(1) 失敗についての、あなたの体験を書きましょう。

（例）習っているダンスの発表会で、難しい動きがうまくできなかったことがある。次は絶対失敗したくなかったので、毎日何度も練習をした。ダンスの先生が動きのコツを教えてくれたので、その次の発表会では失敗することなくおどることができて、とてもうれしかった。

わたしは、五年生のとき、体操服《たいそうふく》を忘《わす》れてしまったことがあるよ。それからは、前の日に確認《かくにん》するようにしたから、忘れなくなったよ。

(2) あなたは、「人生の初期では、失敗をおそれる必要はない」という筆者の考えについてどう思いますか。

（例）失敗をおそれるから、成功できるように努力するのではないか。

確かに、そのとおりかも。五年生のとき忘れ物をした経験があったから、六年生になってから忘れ物をしたことがないよ。

筆者と同じ考えでも、ちがう考えでもいいよ。

(3) 「失敗することのよさ」について、筆者の考えや、あなたの体験をふまえて、あなたの考えを書きましょう。

（例）失敗してもいいと思うのではなく、成功するために努力するという気持ちをもつことが大事だと思う。

❷ ❶で書いたことをもとに、「失敗することのよさ」について、あなたの考えを文章に書きましょう。

筆者の主張と、自分の主張

文章の中で、筆者は、「人生の初期にあるみんなは、失敗をおそれる必要はありません」と述べています。（例）ぼくは、失敗をおそれるから、成功できるように努力するのではないかと思います。失敗してもいいと思うのではなく、成功するために努力することが大事だと考えます。

主張の根きょになる体験や見聞の具体例

習っているダンスの発表会で、難しい動きがうまくできなかったことがあります。次は絶対失敗したくなかったので、ダンスの先生に相談して、毎日何度も練習をしました。ダンスの先生が動きのコツを教えてくれたので、その次の発表会では失敗することなくおどることができて、とてもうれしかったです。

まとめと自分の主張

このように、失敗してもいいと思うのではなく、成功するために努力するという気持ちをもつことが大事だと考えます。

考えは、「〜と考えます。」「〜と思います。」など、考えだとわかる文末表現を使って書こう。

自分の体験や見聞を根きょにして、考えを伝える文章が書けたかな。

60・61ページ

29 立場を決めて意見文を書く ①

立場を決めて意見文を書くときの書き方

立場を決めて意見文を書くときには、読む人が納得《なっとく》するように説得力をもたせることが大切です。次のように考えましょう。

① 自分の立場（主張）を決める。

それぞれの立場のよいところ、よくないところを考えて決めよう。

② 自分がその立場に決めた理由を考える。
・読む人が納得するように具体的な根きょを示そう。

③ 他の立場から考えを見直して、予想される反論《はんろん》と、反論に対する考えをまとめる。

自分とはちがう立場の人になったつもりで反論を考えてみると、自分の考えも深まるよ。

④〈構成メモ〉を考える。

⑤ 意見文を書く。

❶「外国語の映画《えいが》は、字幕《じまく》で見るのがよいか、ふきかえて見るのがよいか」というテーマについて、あなたの考えに合う立場に〇を書きましょう。

（例）
（　）字幕で見るのがよい。
（〇）ふきかえて見るのがよい。

わたしは、字幕で見るのがいいと思う！

❷ ❶のように考える理由と根きょを書きます。主張を支える理由と、読む人が納得するような具体的な根きょを、あなたの体験や、見聞きしたことから探《さが》して書きましょう。

・理由
（例）文字を読むのに気を取られずに、内容を楽しめるから。

・根きょ
（例）字幕だと、文字と映像の両方を見なくてはならず、大変だったことがある。

次のページの〈はるかさんの例〉も参考にしよう。

> 「根きょ」には、具体的なことがらが書けたかな。

❸ ❷で考えた理由に対して予想される反論と、それに対するあなたの考えを書きましょう。

わたしは、こんなふうに考えたよ。

〈はるかさんの例〉
・立場　字幕で見るのがよい。
・理由　演じている俳優《はいゆう》さん自身の声で楽しめるから。
・根きょ
　ふきかえだと、声のイメージがちがって、映画の世界に入りこめないことがある。
・予想される反論
　ふきかえでも、その役に合うように工夫《くふう》されている場合が多い。
・予想される反論に対する考え
　演じている本人の声ならば、ふきかえが合っているかどうかを気にする必要がなく、映像と声の組み合わせを自然に楽しむことができる。

反論と、それに対する考えを示すと、説得力が増すね。

・予想される反論
（例）字幕は映像と同時に出ても読みやすいように工夫されている場合が多い。

・予想される反論に対する考え
（例）字幕を読み終わらないうちに、場面が変わってしまったことがあった。ふきかえならその心配がない。

予想される反論は、きみの選んだ立場に対してではなく、きみが考えた理由に対する反論を考えて書くよ。

自分がちがう立場だったらどうかなと考えてみるといいんだね。

> 自分とはちがう立場の人になったつもりで考えよう。

62・63ページ

30 立場を決めて意見文を書く ②

❶「外国語の映画《えいが》は、字幕《じまく》で見るのがよいか、ふきかえて見るのがよいか」というテーマについて、60・61ページで書いたあなたの意見を〈構成メモ〉にまとめましょう。

〈構成メモ〉（例）

メモを書いたら、全体がつながっているか、確かめよう。

はじめ	中		終わり
主張	理由と根きょ	予想される反論《はんろん》とそれに対する考え	まとめ・主張
外国語の映画は、（字幕で見る・（ふきかえて見る））のがよい。◀合うほうを〇で囲もう。	理由（文字を読むのに気を取られずに、内容を楽しめるから。） 根きょ（字幕だと、文字と映像の両方を見なくてはならず、大変だったことがある。）	反論（字幕は映像と同時に出ても読みやすいように工夫されている場合が多い。） 反論に対する考え（字幕を読み終わらないうちに、場面が変わってしまったことがあった。ふきかえならその心配がない。）	◀理由のどんな点が主張につながるかをふまえて、主張をもう一度書こう。 （文字を読むのに気を取られない）という点から、外国語の映画は、（ふきかえて見る）のがよい。

> 理由の中心になる内容を短くまとめよう。

❷ ❶の〈構成メモ〉で書いたことをもとに、意見文を書きましょう。（例）

わたしはこんなふうに書いたよ。

〈はるかさんの文章〉

【主張】わたしは、外国語の映画は、字幕で見るのがよいと思います。

【理由と根きょ】なぜなら、演じている俳優《はいゆう》さん自身の声で楽しむことができるからです。以前、ふきかえて映画を見たときに、声のイメージがちがって、映画の世界に入りこめなかったということがありました。

【予想される反論とそれに対する考え】ふきかえでも、その役に合うように工夫《くふう》されている場合が多いかもしれません。しかし、演じている本人の声ならば、ふきかえが合っているかどうかを気にする必要がなく、映像と声の組み合わせを自然に楽しむことができます。

【まとめ・主張】演じている本人の声で自然に楽しむことができるという点から、外国語の映画は、字幕で見るのがよいと思います。

反論は、「～かもしれません。」、それに対する考えは、「しかし、～」などの表現を使おう。

◀合うほうを〇で囲もう。
（ぼく・（わたし））は、外国語の映画は、（ふきかえて見る）のがよいと思います。

なぜなら、文字を読むのに気を取られずに、内容を楽しめるからです。字幕で映画を見たときに、文字と映像の両方を見なくてはならず、大変だったことがありました。

字幕は、映像と同時に出ても読みやすいように工夫されている場合が多いかもしれません。しかし、以前、字幕を読み終わらないうちに、場面が変わってしまったということがありました。ふきかえならその心配がありません。

◀まとめ・主張を書こう。
外国語の映画は、（文字を読むのに気を取られない）という点から、（ふきかえて見る）のがよいと思います。

> 反論《はんろん》は、「～かもしれません。」、それに対する考えは、「しかし、～」などを使って書けたかな。

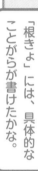

64・65ページ

31 ポスター・パンフレットを作る①

ポスター・パンフレットの特ちょう

調べたことを図や表などを使ってわかりやすく説明する方法として、ポスターやパンフレットがあります。それぞれの特ちょうをおさえて活用しましょう。

〈パンフレット〉
題材について調べた情報を冊子《さっし》にまとめたものだよ。

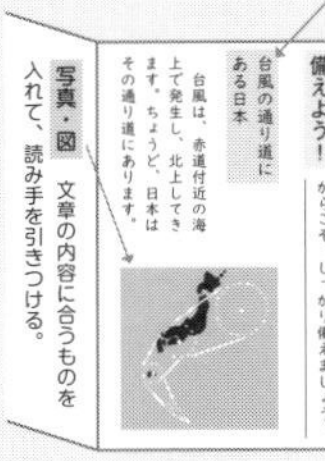

自然災害に備えよう!
日本は、自然災害が多い国です。だからこそ、しっかり備えましょう。
台風の通り道にある日本
台風は、赤道付近の海上で発生し、北上してきます。ちょうど、日本はその通り道にあります。

見出し・小見出し　文章で伝えたいことを短い言葉でまとめる。

リード文　このページの導入を入れてもよい。

写真・図　文章の内容に合うものを入れて、読み手を引きつける。

◆パンフレットは、伝えたいことをはっきりさせて、それが伝わる構成や割《わ》り付《つ》けにしよう。ページごとに書く内容を決め、それに合った写真や図などの配置を考えるよ。

例 パンフレットの割り付け

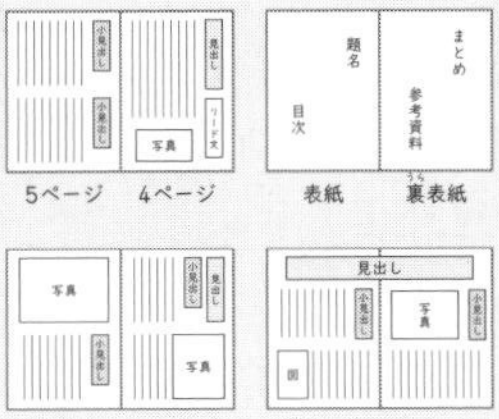

まとめ
参考資料
題名
目次
裏《うら》表紙
表紙
見出し
リード文
写真
小見出し
4ページ
5ページ
2ページ
3ページ
図
6ページ
7ページ

〈ポスター〉
伝えたい情報を一枚《まい》の紙にまとめたものだよ。紙面が限られるため、伝えたい相手や内容に応じて情報をしぼりこもう。

❶ ゆうとさんは、歴史を学んでいるクラスの友達《ともだち》に、日本各地にある城のよさを伝えるためのパンフレットを作ることにしました。〈パンフレットの構成〉と〈あるページの割り付け〉を見て、後の問題に答えましょう。

〈パンフレットの構成〉

表紙・題名	日本の城
2ページ	日本の名城ベスト3
3ページ	日本の城と世界遺産《いさん》
4ページ	戦国武将《ぶしょう》と城
5ページ	天守閣《てんしゅかく》の秘密《ひみつ》
6ページ	城を守るしかけ
7ページ	城と城下町
裏表紙	まとめ・参考資料

城のよさが伝わる情報を選んで取り上げてみたよ。

〈あるページの割り付け〉

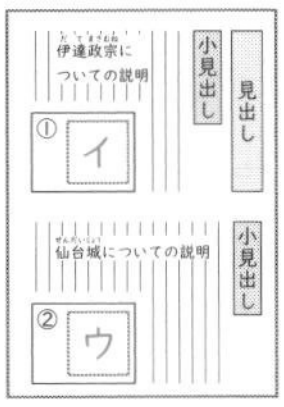

見出し
小見出し
伊達政宗《だてまさむね》についての説明
①
イ
小見出し
仙台城《せんだいじょう》についての説明
②
ウ

(1) 〈あるページの割り付け〉は、〈パンフレットの構成〉の何ページのものでしょう。

（ 4 ）ページ

(2) 〈あるページの割り付け〉の①・②に合う絵をア〜ウから選んで、□に記号を書きましょう。

ア 仙台市の地図　イ 伊達政宗の像　ウ 仙台城のやぐら

仙台市

65　64

①は伊達《だ》政宗《まさむね》について、②は仙台城《せんだいじょう》について合う絵を選ぶといいね。

66・67ページ

32 ポスター・パンフレットを作る②

❶ 次の情報は、ゆうとさんが「日本の城のよさ」を伝えるパンフレットの4ページ目を書くために集めた「仙台《せんだい》城《じょう》」についての情報です。後の問題に答えましょう。

〈集めた情報〉

仙台城
関ヶ原《せきがはら》の戦いの後，伊達政宗《だてまさむね》によりつくられた城。青《あお》葉《ば》山と広瀬《ひろせ》川に囲まれた守りに強い城だった。青葉城ともいわれている。明治《めいじ》時代の火災などにより焼失。

「日本の城大図鑑《ずかん》」より

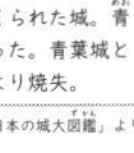

仙台城があった場所から、仙台市を一望てきて、いいながめなのよ。城はなくなってしまったけれど、お城の石がきと、昭和《しょうわ》時代に復元された、「大手門脇《おおてもんわき》やぐら」は残っているのよ。

仙台市在住のおばさんの話

(1) 上の〈集めた情報〉を見て、仙台城についてわかる内容を〈メモ〉に書きましょう。

〈メモ〉（例）

仙台城について
・関ヶ原の戦いの後、伊達政宗がつくった。
・青葉山と広瀬川に囲まれている。
・守りに強い。
・青葉城ともいわれる。
・明治時代の火災などで、焼失。
・石がきと、昭和時代に復元された「大手門脇やぐら」は残っている。

(2) ① 〈パンフレット〉の伊達政宗についての説明を読んで、アに合う小見出しを考えて書きましょう。
② (1)で書いた〈メモ〉をもとに、仙台城をしょうかいする文章を書きましょう。

〈パンフレット〉

伊達政宗と仙台城

（例）
ア 東北地方の実力ナンバーワン武将

伊達政宗は、東北地方の実力ナンバーワンの戦国武将《ぶしょう》です。「独眼竜《どくがんりゅう》」の呼《よ》び名《な》で知られ、戦国時代から江戸《えど》時代にかけて活やくしました。
若《わか》いときは戦《いくさ》が続きましたが、江戸時代になると、六十二万石をおさめる仙台藩主《はんしゅ》となりました。和歌や茶の湯、能なども楽しむ文化人でした。

伊達政宗公の騎馬像《きばぞう》

（例）
仙台城ってどんなお城?

仙台城は、関ヶ原の戦いの後、伊達政宗がつくったお城です。「青葉城」ともいわれています。青葉山と広瀬川に囲まれた場所にある、守りに強いお城でした。
仙台城は、明治時代の火災で焼けてしまい残っていません。今残っているのは、お城の石がきと、昭和時代に復元された、「大手門脇やぐら」だけです。

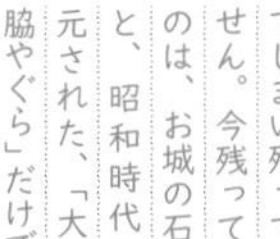

復元された「大手門脇やぐら」

67　66

「伊達政宗と仙台城」という見出しや、伊達政宗についてしょうかいする文章に注目して考えよう。

メモの内容をつなげよう。

いつ、だれが、どこにつくったのかを伝えると仙台城についてしょうかいできるよ。

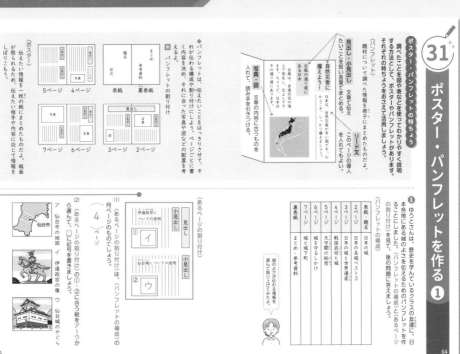

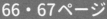

68・69ページ

33 お願いの手紙を書く①

お願いの手紙の書き方

お願いの手紙を書くときは、お願いの具体的な内容とその理由をはっきりさせて、次の形式で書きましょう。

〈手紙の形式〉

前文	初めのあいさつ ・時候のあいさつ（季節の言葉） ・自己《じこ》しょうかい
本文	用件 ・お願いの具体的な内容 ・理由 ・希望日時や見学人数など ・相手の都合を聞く
末文	結びのあいさつ ・協力をお願いする言葉や 相手の健康を気づかう言葉
後付け	・日付 ・自分の名前 ・相手の名前

本文を具体的に書くと、手紙の目的がはっきり伝わるよ。

例 見学のお願いをする手紙

残暑の厳《きび》しい日が続いています。
初めまして。わたしは、中央《ちゅうおう》小学校六年の山《やま》下《した》絵里《えり》と申します。（前文）

今、社会科の授業で昔から伝わるお祭りについて学んでいます。わたしたちの班《はん》では、四日市《よっかいち》市のお祭りで人気のある「大入道《おおにゅうどう》」について調べることになりました。
そこで、大入道の歴史についてくわしくお話を聞かせていただけないでしょうか。
十月八日の午前中に、六名で見学にうかがいたいのですが、ご都合はいかがでしょうか。（本文）

どうかよろしくお願いいたします。（末文）

九月十日
中央小学校　山下　絵里
三重《みえ》伝統資料館
上田和美《うえだかずみ》様（後付け）

◆書くときに気をつけること
・手紙の目的がはっきり伝わるように、用件をくわしく書く。
・「申します」「いただけないでしょうか」「うかがいたい」などの敬語《けいご》を用いて、ていねいに書く。

❶ はるかさんは、地元のスーパーマーケットに見学のお願いをする手紙を書くことになりました。
〈はるかさんのメモ〉を見て、（　）に合う言葉を書き、〈はるかさんのお願いの手紙〉を完成させましょう。

〈はるかさんのメモ〉

手紙を出す相手		ニコニコマーケット中町《なかまち》店の田中三太《たなかさんた》さん
用件	お願いの具体的な内容	店を見学して、店長の話を聞きたい。
	見学したい理由	・学校の授業で、流通の仕組みを学んでいる。 ・消費者と直接関わるスーパーマーケットの仕事について調べることになった。
	見学希望日	十一月四日　午後
	見学人数	五名

見学をお願いする手紙は、こちらの希望を伝えるだけでなく相手の都合を聞くことも必要だよ。

〈はるかさんのお願いの手紙〉

さわやかな秋風がふくようになりました。
初めまして。わたしは、中央小学校六年の大野《おおの》はるかと（申します）。
今、学校の授業で、（流通の仕組み）について学んでいます。わたしたちの班は、消費者と直接関わるスーパーマーケットの仕事について調べることになりました。
（例）（そこで、お店を見学して、店長さんのお話を聞かせていただけないでしょうか。）
（十一月四日の午後に、五名で）見学にうかがいたいのですが、ご都合はいかがでしょうか。
どうかよろしくお願いいたします。
十月十日
中央小学校　大野　はるか
ニコニコマーケット中町店
田中三太様

敬語《けいご》を使って書こう。

メモの内容をよく見て書こう。

70・71ページ

34 お願いの手紙を書く②

電子メールの書き方

電子メールには手紙のような決まった形式はありませんが、相手に用件が伝わるようにわかりやすく書くのは、手紙と同じです。

例 お願いをする電子メールの書き方

あて先　▼▲@▲▲.▲▲.jp
件名　伝統資料館の見学について

三重《みえ》伝統資料館　上田和美《うえだかずみ》様

こんにちは。
わたしは、中央《ちゅうおう》小学校6年の山下絵里《やましたえり》と申します。

今、社会科の授業で昔から伝わる祭りについて学んでいます。わたしたちの班《はん》では、四日市《よっかいち》市の祭りで人気のある「大入道《おおにゅうどう》」についてくわしく調べることになりました。

そこで、大入道の歴史についてくわしくお話を聞かせていただけないでしょうか。

10月8日の午前中に、6名で見学にうかがいたいのですが、ご都合はいかがでしょうか。
どうかよろしくお願いします。

中央《ちゅうおう》小学校　6年　山下　絵里
電話　000-000-0000
電子メール　＊＊@＊＊＊.＊＊.jp

メールアドレスは正しく。
最初に相手の名前を書く。
用件を短くまとめる。
用件
最後に自分の名前と連絡《れんらく》先を書く。

❶ ゆうとさんは、班の代表として見学のお願いの電子メールを出すことになりました。次の〈メモ〉を見て、次ページの〈電子メール〉を完成させましょう。うすい字はなぞりましょう。

〈メモ〉

手紙を出す相手		和田《わだ》農園の和田健三《けんぞう》さん
用件	お願いの具体的な内容	・農園の見学 ・和田さんにインタビューをさせてほしい。
	見学したい理由	・総合学習で、地元の特産品について学んでいる。 ・りんごの育て方やはん売について調べている。
	見学希望日	七月三日　午前中
	見学人数	五名

〈電子メール〉

（例）

あて先　▼▲@▲▲.▲▲.jp
件名　和田農園の見学について

（和田農園　和田健三）様

こんにちは。
ぼくは、中央小学校6年の木村《きむら》ゆうとと申します。

（今、総合学習で地元の特産品について学んでいます。ぼくたちの班では、りんごの育て方やはん売について調べることになりました。）（見学したい理由）

（そこで、農園の見学と、和田さんへのインタビューをお願いできないでしょうか。）（お願いの具体的な内容）

（7月3日午前中に、5名で見学にうかがいたいのですが、ご都合はいかがでしょうか。）（見学希望日・見学人数）
（どうかよろしくお願いいたします。）（お願いの言葉）

中央小学校　6年　木村　ゆうと
電話　000-000-0000
電子メール　＊＊@＊＊＊.＊＊.jp

段落《だんらく》のはじめは1字下げとするかわりに1行空けて書くと読みやすくなる。
電子メールを送信する前に、まちがいや失礼な言葉づかいがないかを確かめよう。

前のページの〈メモ〉の「用件」を落とさずに書こう。お願いの手紙だから、敬語を使ってていねいに書こう。

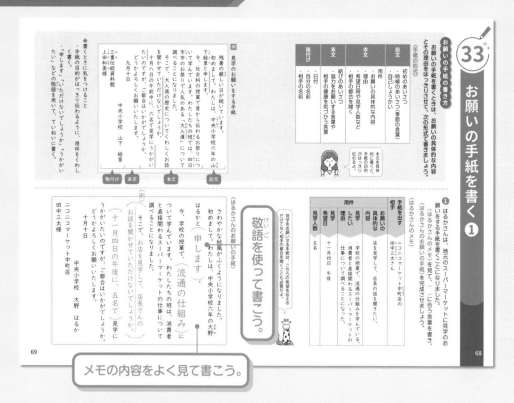

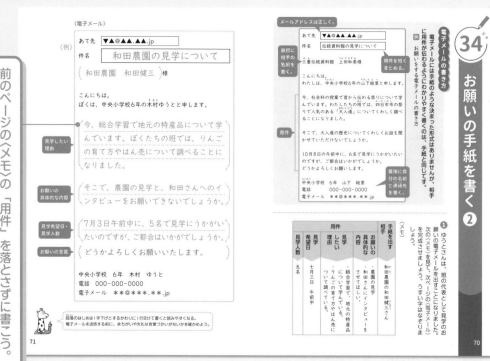

72・73ページ

35 一年間をふり返って書く①

一年間をふり返る文章の書き方

一年間の学校生活をふり返って心に残っていることを書くときは、自分の体験を具体的に書くことが大切です。どんなことがあったか、よく思い出し、次のような手順で取り組みましょう。

① 一年間の学校生活をふり返って、心に残っていて、伝えたいことを決める。

一年間でどんなことがあったかな？四月から順に思い出してみよう。

② 具体的にどんなことがあったか、そのときどう思ったかを思い出す。

③ その体験には自分にとってどんな意味があったか、何を学んだか、これからどういかしていきたいかを考える。

④ 伝えたいことを〈構成メモ〉にまとめる。

⑤ 表現を工夫《くふう》して文章を書く。

◆一年間をふり返って書く作文は、次のような構成でまとめましょう。

「はじめ」「中」「終わり」の組み立てで書いてみよう。

〈構成メモ〉の書き方

はじめ	心に残っているのはどんなことか。
中	心に残っていることの具体的な内容 ・どんなことがあったか。 ・そのときの気持ち。
終わり	・その体験にはどんな意味があったか。 ・そこから何を学んだか。 ・これからどういかしていきたいか。

一年間、いろいろなことがあったよね。
しっかり思い出して作文にするぞ！

❶ ゆうとさんが、一年間の学校生活をふり返って心に残っていることを〈構成メモ〉にまとめました。〈ゆうとさんの構成メモ〉を見て、（　）に合う言葉を書き、〈ゆうとさんの文章〉を完成させましょう。

〈ゆうとさんの構成メモ〉

はじめ	心に残っていることは、委員会活動に上級生として参加したこと。
中	・下級生に活動の内容を教える立場になったが、うまく説明できるだろうかと心配だった。 ・どうしたらわかりやすい説明になるかを考えて、準備をした。 ・説明のあと、下級生から、「わかりやすかったです。活動をがんばります。」と言われ、安心した。
終わり	・準備することの大切さを学んだ。 ・これからも、人に何かを伝えるときには、しっかりと準備をしてのぞみたい。

気持ちを表す言葉は「心配だった」「安心した」だけではないよ。自分の気持ちにぴったりの言葉を探して使ってみよう。

〈ゆうとさんの文章〉

はじめ

ぼくの心に残っていることは、（委員会活動）に上級生として参加したことだ。

中

今年は、下級生に活動の内容を教える立場になった。活動の内容を（うまく説明できる）だろうかと、どきどきして気持ちが落ち着かなかった。そこで、どうしたらわかりやすい説明になるかを考えて、説明の準備をした。説明のあと、下級生から、「（わかりやすかった）です。活動をがんばります。」と言われ、ほっとして、胸《むね》をなでおろした。

終わり

ぼくはこの体験から、（準備すること）の大切さを学んだ。これからも、人に何かを伝えるときには、しっかりと準備をしてのぞみたい。

〈ゆうとさんの構成メモ〉の内容に注目しよう。

74・75ページ

36 一年間をふり返って書く②

したこと、見たこと、言ったこと、聞いたこと、そのときの気持ちなどを思い出して、順序よく書こう。

❶ 一年間の学校生活をふり返って、あなたがいちばん心に残っていることは何ですか。一つ選んで○で囲みましょう。あてはまるものがないときは、（　）に書きましょう。

（例）

運動会　遠足　学習発表会
社会科見学　授業参観　プール
音楽会　委員会活動　クラブ活動
（授業）　給食　休み時間　そうじ

（　　）

❷ ❶で決めたことについて、文章を書くための〈構成メモ〉を書きましょう。

〈構成メモ〉（例）

はじめ	・心に残っていることは何か。 （授業でたくさん発言したこと。）
中	・心に残っていることの具体的な内容 （・これまで、人前で話すことが苦手で、授業中にあまり手を挙げられなかった。 ・自分を変えたいと思い、一日一回は手を挙げると決めて、ちょう戦した。 ・最初はきんちょうしたが、続けていくうちに、だんだんと自信をもって答えられるようになった。うれしかった。）
終わり	・体験の意味や学んだこと、これからどういかしたいか。 （・ちょう戦することの大切さを学んだ。 ・これからも、苦手なことにちょう戦していきたい。）

❸ ❷で書いた〈構成メモ〉をもとに、一年間の学校生活をふり返って心に残っていることについて、作文を書きましょう。

（例）

▼合うほうを◯で囲もう。

心に残っていることは何か

（わたし・（ぼく））の心に残っていることは、（授業でたくさん発言したこと）です。

心に残っていることの具体的な内容

これまで、人前で話すことが苦手で、授業中にあまり手を挙げることができませんでした。しかし、そんな自分を変えたいと思い、一日一回は手を挙げると決めて、ちょう戦しました。最初はどきどきして、のどがカラカラになりましたが、続けていくうちに、自信をもって答えられるようになりました。苦手だったことに自信をもてるようになったことがうれしくて、心が晴れ晴れしました。

学んだことや、これからにどういかしたいかなど

ぼくはこの体験から、ちょう戦することの大切さを学びました。これからも、苦手なことにちょう戦していきたいです。

気持ちを表す言葉を使うときは、ぴったりの言葉を見つけてみよう！

うれしい気持ちを、「心が晴れ晴れしました」と表現しているね。

「きんちょうした」を,「どきどきして、のどがカラカラになりました」と表現しているね。

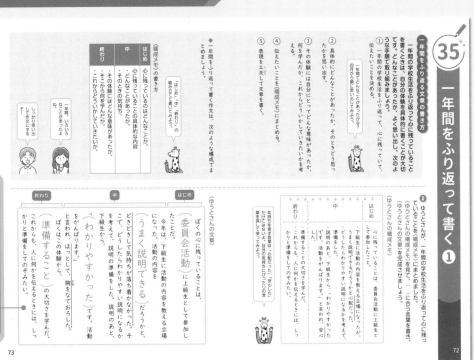

76・77ページ

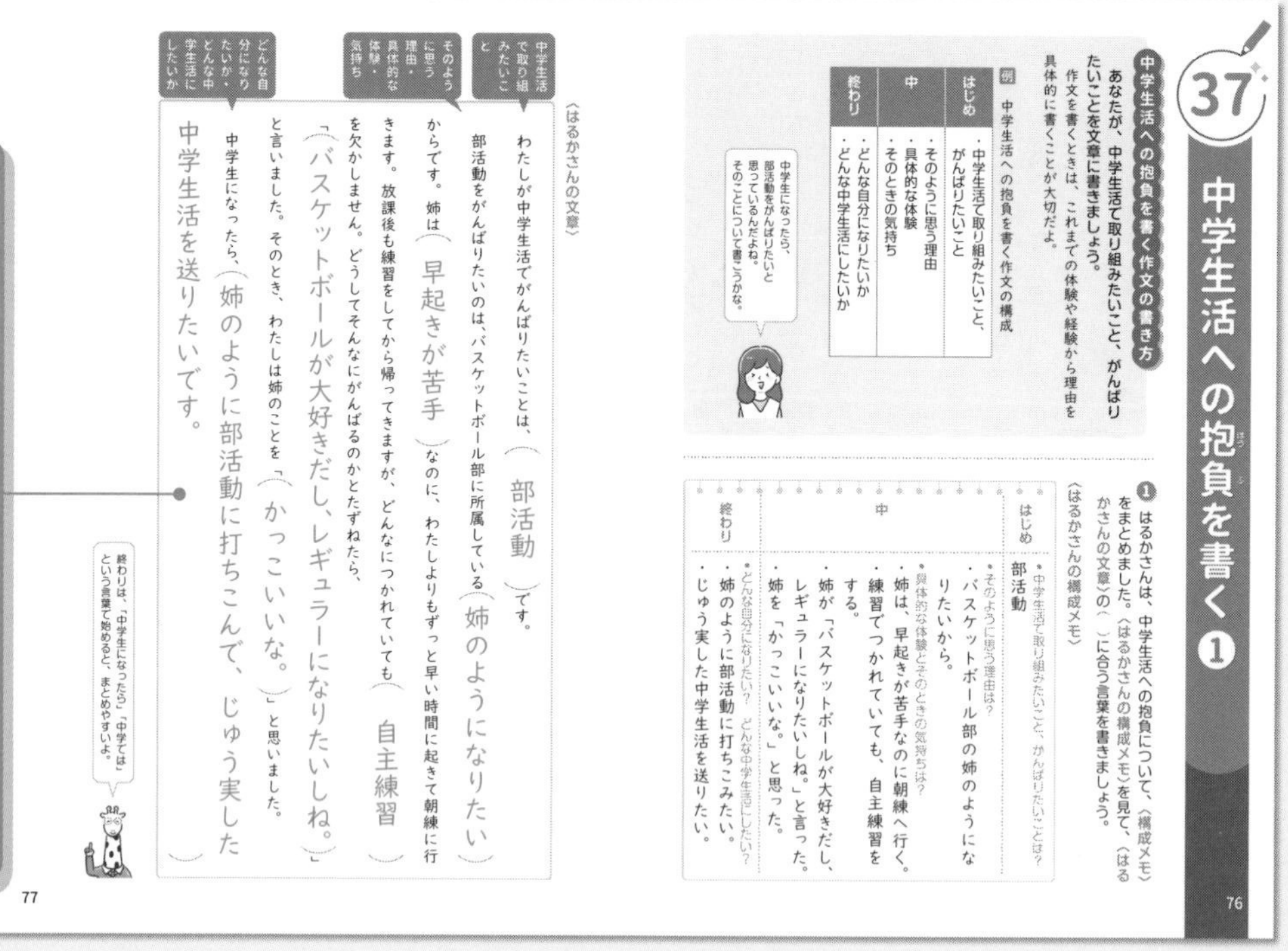
37 中学生活への抱負《ほうふ》を書く❶

中学生活への抱負を書く作文の書き方

あなたが、中学生活で取り組みたいこと、がんばりたいことを文章に書きましょう。

作文を書くときは、これまでの体験や経験から理由を具体的に書くことが大切だよ。

例 中学生活への抱負を書く作文の構成

はじめ	・中学生活で取り組みたいこと、がんばりたいこと
中	・そのように思う理由 ・具体的な体験 ・そのときの気持ち
終わり	・どんな自分になりたいか ・どんな中学生活にしたいか

中学生になったら、部活動をがんばりたいと思っているんだよね。そのことについて書こうかな。

❶ はるかさんは、中学生活への抱負について、〈構成メモ〉をまとめました。〈はるかさんの構成メモ〉を見て、〈はるかさんの文章〉の（　）に合う言葉を書きましょう。

〈はるかさんの構成メモ〉

はじめ	●中学生活で取り組みたいこと、がんばりたいことは？ 部活動
中	●そのように思う理由は？ ・バスケットボール部の姉のようになりたいから。 ●具体的な体験とそのときの気持ちは？ ・姉は、早起きが苦手なのに朝練へ行く。 ・練習でつかれていても、自主練習をする。 ・姉が「バスケットボールが大好きだし、レギュラーになりたいしね。」と言った。 ・姉を「かっこいいな。」と思った。
終わり	●どんな自分になりたい？　どんな中学生活にしたい？ ・姉のように部活動に打ちこみたい。 ・じゅう実した中学生活を送りたい。

76

〈はるかさんの文章〉

わたしが中学生活でがんばりたいことは、（部活動）です。

部活動をがんばりたいのは、バスケットボール部に所属している（姉のようになりたい）からです。姉は（早起きが苦手）なのに、わたしよりもずっと早い時間に起きて朝練に行きます。放課後も練習をしてから帰ってきますが、どんなにつかれていても（自主練習）を欠かしません。どうしてそんなにがんばるのかとたずねたら、「（バスケットボールが大好きだし、レギュラーになりたいしね。）」と言いました。そのとき、わたしは姉のことを「（かっこいいな。）」と思いました。

中学生になったら、（姉のように部活動に打ちこんで、じゅう実した中学生活を送りたいです。）

中学生活で取り組みたいこと
そのように思う理由・具体的な体験・気持ち
どんな自分になりたいか・どんな中学生活にしたいか
終わりは、「中学生になったら」「中学では」という言葉で始めると、まとめやすいよ。

77

〈はるかさんの構成メモ〉をよく見て、はじめ・中・終わりのまとまりを意識しながら書こう。

78・79ページ

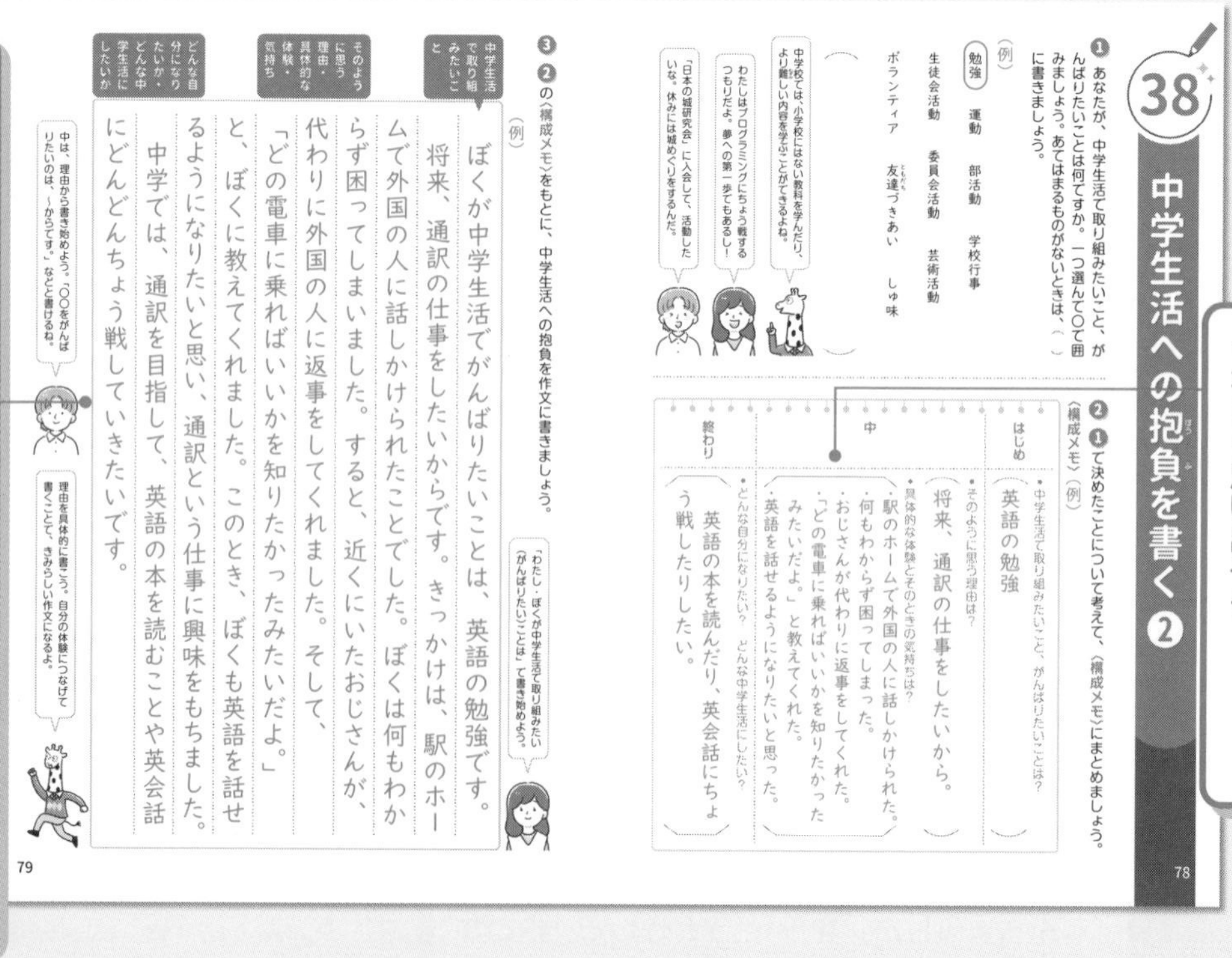
38 中学生活への抱負《ほうふ》を書く❷

❶ あなたが、中学生活で取り組みたいこと、がんばりたいことは何ですか。一つ選んで○で囲みましょう。あてはまるものがないときは、（　）に書きましょう。

（例）

（勉強）　運動　部活動　学校行事
生徒会活動　委員会活動　芸術活動
ボランティア　友達《ともだち》づきあい　しゅ味

（　　）

中学校では、小学校にはない教科を学んだり、より難しい内容を学ぶことができるよね。
わたしはプログラミングにちょう戦するつもりだよ。夢への第一歩でもあるし！
「日本の城研究会」に入会して、活動したいな。休みには城めぐりをするんだ。

❷ ❶で決めたことについて考えて、〈構成メモ〉にまとめましょう。

〈構成メモ〉（例）

はじめ	●中学生活で取り組みたいこと、がんばりたいことは？ （英語の勉強）
中	●そのように思う理由は？ （将来、通訳の仕事をしたいから。） ●具体的な体験とそのときの気持ちは？ （・駅のホームで外国の人に話しかけられた。 ・何もわからず困ってしまった。 ・おじさんが代わりに返事をしてくれた。 ・「どの電車に乗ればいいかを知りたかったみたいだよ。」と教えてくれた。 ・英語を話せるようになりたいと思った。）
終わり	●どんな自分になりたい？　どんな中学生活にしたい？ （英語の本を読んだり、英会話にちょう戦したりしたい。）

78

❸ ❷の〈構成メモ〉をもとに、中学生活への抱負を作文に書きましょう。

（例）

ぼくが中学生活でがんばりたいことは、英語の勉強です。

将来、通訳の仕事をしたいからです。きっかけは、駅のホームで外国の人に話しかけられたことでした。ぼくは何もわからず困ってしまいました。すると、近くにいたおじさんが、代わりに外国の人に返事をしてくれました。そして、「どの電車に乗ればいいかを知りたかったみたいだよ。」と、ぼくに教えてくれました。このとき、ぼくも英語を話せるようになりたいと思い、通訳という仕事に興味をもちました。

中学では、通訳を目指して、英語の本を読むことや英会話にどんどんちょう戦していきたいです。

中学生活で取り組みたいこと
そのように思う理由・具体的な体験・気持ち
どんな自分になりたいか・どんな中学生活にしたいか
「わたし・ぼくが中学生活で取り組みたい（がんばりたい）ことは」で書き始めよう。
中は、理由から書き始めよう。「〇〇をがんばりたいのは、～からです。」などと書けるね。
理由を具体的に書こう。自分の体験につなげて書くことで、きみらしい作文になるよ。

79

きっかけとなる体験や出来事をくわしく思い出そう。

はじめ・中・終わりの構成を意識して書こう。中の具体的な体験は、〈構成メモ〉の内容を接続語を使ってつなげてみよう。

80・81ページ

39 詩を作る

表現を工夫して詩を書く

詩は、心を動かされたことをリズムのある言葉で表現したものです。

◆詩の表現の工夫

★比喩《ひゆ》…あるものを他のものにたとえる。
例・ひまわりのようなえがお。・鳥が歌う。

★擬音語《ぎおんご》・擬態語《ぎたいご》…実際の音や様子を表す言葉。
例・たいこをドンドンと鳴らす。星がきらきらかがやく。

★倒置《とうち》…言葉の順序を入れかえる。
例・行こう、地平線の向こうへ。

★くり返し…同じ言葉をくり返す。
例・赤い赤いリンゴを食べる。

★対句…似た表現を並《なら》べる。
例・青い空が広がる。白い雲がただよう。

★体言止め…名前を表す言葉で文を終える。
例・ぼくは世界をめぐる旅人。

工夫することで、リズムが生まれたり、印象的な表現になったりするね。

❶ 次の詩に使われている表現の工夫を[ ]から二つ選んで記号を書きましょう。

雨上がり

雨上がりのにじが好きだ
空へと続く　ぼくの行く道
雨上がりの校庭が好きだ
地面にきざむ　ぼくのあしあと

ア　擬音語・擬態語
イ　くり返し
ウ　対句
エ　体言止め

（ウ）（エ）

どちらを先に書いてもいいよ。

❷ 最近の生活をふり返って、心を動かされたことを詩に書きます。楽しかったことやうれしかったこと、おどろいたこと、感動したことなどを一つ書きましょう。

（例）家族で山登りをしたこと

運動会のリレーを走ったときのことを詩にしたいな。

❸ ❷で書いたことについて、そのときの様子や気持ちを思い出して、思いつく言葉をメモしましょう。

（例）苦しい　暑くてなるべく日かげを歩いた。
頂上までが遠くてつかれた。
登り切ったとき達成感を感じた。
物語の主人公になったような気分だった。

ぼくはこんな言葉を思いついたよ。

バトンをつなぐ
一生けん命
きずな　思い
力強さ

❷で書いたことの様子や気持ちをぴったり表す言葉や表現を考えよう。

❹ ❷で書いたことについて、❸で思い出した言葉を使って、表現を工夫して詩を書きましょう。（例）

❸で書いた言葉は全部使わなくてもいいよ。

バトン

バトンをわたすことは
思いを重ねること
きずなをつなげること
もの静かなあの子の
力強いバトンに
ぼくはハッとする
走れ
ぼくらの思い
かけろ
伝書ばとのように

ぼくは、「〜のように」というたとえの表現を使って書いたよ。

◀詩の題名を書こう。

山登り

登っても　登っても
まだ登り切れない
あざ笑うように照る太陽
わたしはかげににげこむ
おく病者になる
でも
登って　登って
ついに登り切ったとき
お祝いするように照る太陽
わたしは光を浴びる
主人公になる

表現を工夫《くふう》しながら，❸で書いた様子や気持ちを詩にしよう。

82・83ページ

40 短歌を作る

短歌の作り方

短歌は、奈良時代ごろからある、日本固有の詩（和歌）の一種です。短歌のルールを知り、表現を工夫《くふう》して作ってみましょう。

◆短歌のルール

★五・七・五・七・七の三十一音で表すのが基本（音数が多いものを字余り、音数が少ないものを字足らずというが、短歌のリズムがくずれないように注意する）。

★小さな「っ」、のばす音、「ん」も一音と数える。

★「きゃ・きゅ・きょ」などは一音と数える。

◆表現を工夫する

★擬音語《ぎおんご》や擬態語《ぎたいご》、たとえの表現などを使う。

★自分が伝えたいことにぴったり合う言葉を選ぶ。

★作った短歌を見直して、言葉を入れかえたり、言いかえたりする。

三十一音の中で、いちばん伝えたいことが伝わる表現を探《さが》すんだね！

❶ 次の短歌の表現の工夫の説明として合うものを、後の[ ]からすべて選び、記号で答えましょう。

(1) 大空に何も無ければ入道雲むくりむくりと湧《わ》きにけるかも　北原白秋《きたはらはくしゅう》
「湧きにけるかも」…わいたのだなあ
（ア）

(2) もうそろそろ秋を測りにくるだらう腹に目盛《めもり》のあるオニヤンマ　小島《こじま》ゆかり
（イ・ウ・エ）

(3) 振《ふ》り向かぬ子を見送れり振り向いたときに振る手を用意しながら　俵万智《たわらまち》
「見送れり」…見送った
（ウ）

(4) 秋の雲「ふわ」と数えることにする一ふわ二ふわ三ふわの雲　吉川宏志《よしかわひろし》
（エ）

ア　擬音語・擬態語を使っている。
イ　比喩《ひゆ》の表現を使っている。
ウ　倒置《とうち》を使っている。
エ　体言止めを使っている。

むくりむくりとわく入道雲とふわふわの秋の雲。同じ雲なのに大きくちがうね。

オニヤンマの様子を，腹《はら》の目盛《めもり》で秋を測るとたとえているね。

❷ 最近の生活の中で、あなたの心が動いたことを思い出して、短い文章にまとめましょう。

（例）野球の試合で、ぼくの打ったヒットで得点が入り、逆転勝利した。

学校の花だんにいろいろな色のパンジーがさいていたのが、きれいだと思ったよ。

❸ ❷で書いたことを、五・七・五・七・七の三十一音で短歌で表してみましょう。

（例）白球は
遠くへ飛んで勝利して
ぼくらはうんと喜び合った

書いてみたよ。

花だんには色とりどりのパンジーがとてもきれいにさいていました

❹ ❸で書いた短歌について、次のような工夫ができないか見直して書き直してみましょう。

〈工夫〉
・たとえの表現を使う。
・擬音語・擬態語を使う。
・言葉の順番を入れかえる。
・言葉を別の言葉で言いかえる。
・似た表現を並《なら》べる。
など

これらの工夫を全部取り入れる必要はないよ。

（例）飛べボール
カキーンと気持ちよく進め
勝利の音をひびかせながら

わたしは、たとえを使って表現してみたよ。

赤と白黄色むらさきパンジーは楽しくパーティしているみたい

❸で書いた短歌を工夫して、より伝わる表現を考えられたかな。

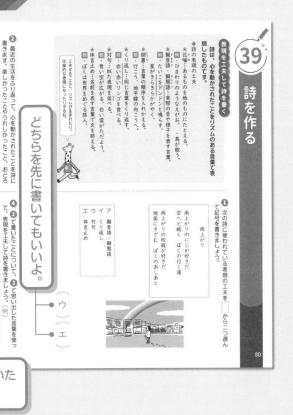

41 俳句《はいく》を作る

俳句の作り方

俳句は日本で古くから作られてきた短い詩です。俳句のルールを知り、表現を工夫《くふう》して作ってみましょう。

◆俳句のルール
★五・七・五の十七音で表すのが基本。
★「季語」という季節を表す言葉を入れる。

〈季語の例〉

春	夏	秋	冬
桜・梅 ちょう うぐいす 入学	ひまわり せみ サイダー プール	もみじ すすき 月・虫 かかし	みかん うさぎ 雪・しも セーター

※季語をもたない俳句を「無季《むき》俳句」という。

◆表現の工夫
★自分が伝えたいことに合う言葉を選ぶ。
★擬音語《ぎおんご》や擬態語《ぎたいご》、比喩《ひゆ》の表現を使う。
★言葉の順番や、ひらがな・かたかなの使い方などを工夫する。

❶ 次の俳句の表現の工夫の説明として合うものを、後の［　］からすべて選び、記号で答えましょう。

(1) 街の雨鶯餅《うぐいすもち》がもう出たか　富安風生《とみやすふうせい》
季語…鶯餅　季節…春
（ウ）

(2) ところてん煙《けむり》のごとく沈《しず》みをり　日野草城《ひのそうじょう》
「ごとく」…ように
季語…ところてん　季節…夏
（イ）

(3) 鳥わたるこきこきこきと罐《かん》切れば　秋元不死男《あきもとふじお》
季語…鳥わたる　季節…秋
（ア）

(4) ふはふはのふくろふの子のふかれをり　小澤實《おざわみのる》
季語…ふくろふ　季節…冬
（ア・エ）

ア　擬音語・擬態語を使っている。
イ　比喩の表現を使っている。
ウ　話し言葉を使っている。
エ　ひらがなを多く使っている。

擬音語・擬態語は、音や様子を表す言葉だよ。

「ところてん」を、「煙《けむり》」にたとえているんだね。

❷ 最近の生活の中で、あなたの心が動いたことを思い出して、短い文章にまとめましょう。

（例）校庭で友達と雪だるまを作って楽しかった。

花火大会で見た花火が、はく力があってきれいだったよ。

❸ ❷で書いたことを、季語を一つ入れて、五・七・五の俳句で表してみましょう。

〈季語の例〉

春	夏	秋	冬
たんぽぽ ひなまつり かえる	トマト くらげ キャンプ	台風 きのこ ぶどう	北風・氷 手ぶくろ おでん

他にも、たくさんの季語があるよ。本やインターネットなどで調べてみよう。

（例）友達と楽しく作る雪だるま

「花火」は夏の季語だよね。

はく力があってきれいな花火だな

「雪だるま」は冬の季語だね。

❹ ❸で書いた俳句について、次のような工夫ができないか見直して書き直してみましょう。

〈工夫〉
・比喩の表現を使う。
・擬音語・擬態語を使う。
・言葉の順番を入れかえる。
・ひらがな・かたかなの使い方を工夫する。
・言葉を別の言葉で言いかえる。
・話し言葉を使う。
・似た表現を並《なら》べる。
など

これらの工夫を全部取り入れる必要はないよ。

（例）雪だるまみんなのほおがほてってる

ぼくは、擬音語と比喩の表現を使ってみたよ。

ドドーンと花火上がって星みたい

楽しそうな様子を、「みんなのほおがほてってる」と言いかえて表現しているね。

42 物語を作る❶

物語の書き方

物語は、山場（クライマックス）で大きく変化するものが多く見られます。物語は山場を意識して書くことが大切です。

◆物語を書く手順
① 登場人物・時・場所などの設定を決める。
・登場人物は、名前や年れい、性格などを決めて、カードにまとめよう。
② 物語の組み立てを考えて、あらすじを書く。
・山場でどんな変化が起こるかを意識して書こう。
③ あらすじをもとにして物語を書く。
・会話文を入れたり、想像した人物の様子をくわしく書いたりするなど工夫《くふう》しよう。

比喩《ひゆ》（たとえ）を入れたり、色や音の表現を入れたりすると、様子が伝わりやすくなるよ。

◆物語の組み立ての例

始まりの場面	物語の登場人物、時や場所などの設定を書く。
山場につながる場面	山場につながる出来事が起こるきっかけや、その出来事がどう展開《てんかい》するかを書く。
山場の場面	それまでの出来事がどう変化したかを書く。
終わりの場面	山場を経て、登場人物や出来事がどうなったかを書く。

初めに決めた登場人物の性格をいかした展開にすると、つながりのある物語になるよ。

❶ 次の二枚《まい》の絵を使って物語を考えます。登場人物の設定を考えて、〈あなたのカード〉に書きましょう。

〈始まりの場面〉

〈終わりの場面〉

わたしはこんなふうに書いたよ。

〈はるかさんのカード〉
名前　レン
年れい　十二さい
性格など　心配しょう
できちょうめん。ぬいぐるみの「くまのすけ」がお気に入り。

〈あなたのカード〉（例）
名前　みのり
年れい　十四さい
性格など　やさしい性格の女の子。手先が器用で、裁ほうが得意。思いついたことは、よく考えずにしてしまう。学校から帰ると中でくまのぬいぐるみ「ショコラ」に出会う。

物語の展開《てんかい》を考えながら、書けたかな。

❷ いつ、どこで起こった物語にするかを書きましょう。

わたしは、夜、自分の部屋の中で起こった物語にするよ。

いつ（例）学校からの帰り
どこで（例）近くの公園

場面が変わる場合は、変わった場面の時間や場所も書こう。

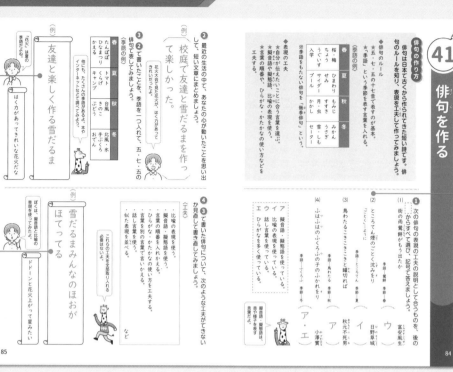

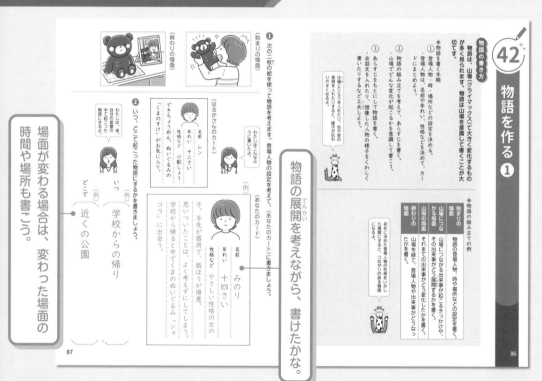

88・89ページ

ドリルの87ページで書いた物語や登場人物の設定がわかるように書こう。

43 物語を作る ②

❶ 次の二枚《まい》の絵を見て、物語のあらすじを考えます。二つの場面の間で起こることをあなたが想像して、〈あなたの組み立てメモ〉に物語のあらすじを書きましょう。

〈始まりの場面〉

〈終わりの場面〉

〈はるかさんの組み立てメモ〉

始まりの場面	夜、物音がして起きてみると、ぬいぐるみの「くまのすけ」が動いていた。
山場につながる場面	くまのすけが話しかけてきて、おもちゃのパーティにさそってくれる。
山場の場面	クローゼットの中で、おもちゃと楽しく遊ぶ。
終わりの場面	気づくと朝。夢かと思ったが、くまのすけととった写真が置かれていた。

〈あなたの組み立てメモ〉（例）

始まりの場面	▼登場人物、時、場所などの設定を書こう。 学校からの帰りに、動くくまのぬいぐるみに出会うが、目の前でからすにさらわれる。
山場につながる場面	▼どんな出来事が起こって、どう展開《てんかい》するかを書こう。 さらわれたぬいぐるみを追いかける。木に登ってからすの巣からくまのぬいぐるみ「ショコラ」を助けた。
山場の場面	▼出来事がどう変化して解決したかを書こう。 ショコラはけがをしていた。みのりが手当てをすると、ショコラは感動して、ぜひみのりといっしょにいたいと言って、みのりの家で暮らすことになる。
終わりの場面	▼山場を経て、最後に登場人物や出来事がどうなったかを書こう。 みのりとショコラは今でも仲良く暮らしている。いっしょにとった写真はみのりの宝物だ。

❷ ❶の〈あなたの組み立てメモ〉で書いたことをもとに、〈あなたの始まりの場面〉の物語を書きます。〈始まりの場面〉の絵に合うように、物語の登場人物がどんな人物かや、時、場所などの設定がわかるように書きましょう。

〈はるかさんの始まりの場面〉


レンは、明日着る服を用意すると、いつものように、夜の十時にねむりにつきました。

ねてからどれくらいたったでしょう。カサカサという音がして、レンは目を覚ましました。

何かいる！

レンはこわくてふるえました。でも、ずっとそうしてもいられません。気づかれないように、そっと目を開けて、暗い部屋の中で、動く何かをじっと見つめました。

「え、くまのすけ？」

レンはつい声に出してしまいました。

「明日着る服を用意する」と書くと、きちょうめんな人がらが伝わるね。

〈あなたの始まりの場面〉


（例）まさかくまのぬいぐるみが歩いているなんて、どういうことだろうかと思った。つかれているのだろうか。学校帰りに立ち寄った公園で、みのりは混乱していた。

「おや、こんにちは！」

どうも夢ではない。確かにくまのぬいぐるみは動いていて、自分に話しかけてきている。みのりがどうしていいかわからないでいると、さらにあり得ないことが起きた。からすが飛んできて、そのぬいぐるみをさらっていってしまったのだ。

「あーれー！」

わけがわからなかったが、とにかくみのりはからすを追いかけることにした。

90・91ページ

会話文を入れたり、想像した人物の様子をくわしく書いたり、工夫《くふう》して書けたかな。

44 物語を作る ③

❶ 89ページ❷で書いた〈あなたの始まりの場面〉につながるように、あなたの〈山場につながる場面〉〈山場の場面〉〈終わりの場面〉を書きましょう。

わたしはこんなふうに書いたよ。

はるかさんの〈山場につながる場面〉〈山場の場面〉〈終わりの場面〉

〈山場につながる場面〉


そこで動いていたのは、お気に入りのぬいぐるみ「くまのすけ」でした。

「見つかってしまったようじゃな。」

くまのすけは低い声で言いました。

レンは、声が出ません。

「仕方ない。レン、ついてきなさい。」

レンは、ぶるぶるふるえながらも、なんとか立ち上がって、くまのすけについていきました。

レンはくまのすけの後ろについて、クローゼットの中に入りました。


〈山場の場面〉


すると、そこでは、おもちゃ箱の中でいろいろなおもちゃが動き回り、おしゃべりしていたのです。

「わしたちはレンがねたあとに、こうしてパーティをしとるんじゃ。まあ、ゆっくりしていきなさい。」

レンは安心すると、おもちゃたちとの時間を楽しみました。でも、いつのまにかねむくなってきて――。

はっと目を覚ますと、ベッドの上でした。もう朝です。


〈終わりの場面〉


夢か、とレンが残念に思っていると、まくらもとに何かが置いてあるのが見えました。手に取ってみると、くまのすけといっしょにとった写真でした。

夢ではなかったのです。レンはまたくまのすけたちのパーティに行くのが楽しみになりました。

初めに決めた登場人物の性格に合う会話や行動を入れよう。

あなたの〈山場につながる場面〉〈山場の場面〉〈終わりの場面〉

（例）ぬいぐるみは、からすの巣にあった。からすはいない。みのりはためらうことなく、木に登り、ぬいぐるみを助け出すと、すぐに木を下りた。

「わたしの名前はショコラ。ありがとうございました。」

くまのぬいぐるみは、ていねいにお礼の言葉を述べた。

もうわけがわからないことが起こりすぎて、ぬいぐるみがしゃべっていても不思議に思わなかった。むしろお礼を言われて、照れくさい。

ふとショコラのおしりからわたが飛び出ているのに気づいた。

「ショコラ、けがしてるじゃん！」

「ええ、たぶん、からすに連れ去られるときに。」

みのりはバッグの中から、今日の家庭科の授業で使った裁ほう道具を取り出すと、

「手当てするね。痛いかもしれないけど、がまんして。」

と言って、ショコラのおしりに自分のハンカチをあてがって、ぬい合わせた。なんだかショコラは感動しているみたいだった。

「あなたみたいなすばらしい人は初めて会いました！ぜひあなたのおうちに置いてください！」

「もちろん！うちにおいでよ。」

こうしてショコラはみのりの家で暮らすことになった。

今でも仲良し。いっしょにとった写真は二人の宝物。

書けたら、〈始まりの場面〉から読み直してみよう。物語はつながっているかな。

92・93ページ

「一文の長さ」、「段落《だんらく》に分けたこと」、「体験のくわしさ」について考えてみよう。

45 発《はっ》展《てん》問題 ①

❶ じゅんさんのクラスでは、環境《かんきょう》問題について学んでいます。「家庭や学校で取り組める環境問題の対策《たいさく》」について提案する文章を書くことになりました。〈じゅんさんの文章の下書き〉と、〈じゅんさんが書き直した文章〉を読んでから、後の問題に答えましょう。

〈じゅんさんの文章の下書き〉

（提案したいこととその理由）
　わたしは、四年生のときに見学をした、浄水場《じょうすいじょう》で教わったことをすっかり忘《わす》れていて、でも、今回、環境問題について学んで改めて水の使い方に気をつけたいと思いました。教わったことは、シャワーを三分間流すと、三十六リットル分の水が流れるということで、わたしはとてもおどろきました。みんなに節水と水をよごさないことを提案したいです。みんなも節水のこと忘れていませんか。

〈じゅんさんが書き直した文章〉

（提案したいこととその理由）
　わたしは、みんなに節水と水をよごさないことを提案したいです。
　四年生のときに見学をした浄水場で教わったことがあります。それは、シャワーを三分間流し続けると、三十六リットル分の水が流れるということです。このとき、とてもおどろいてしばらくは節水に気をつけていました。それなのに、いつの間にかすっかり忘れてしまっていました。
　わたしのような人が多いのではないかと思い、改めて水の使い方に気をつけてほしいと考えたのが提案したい理由です。

(1) 〈じゅんさんが書き直した文章〉について、じゅんさんとりょうさんが話し合っています。（　）に合う言葉を［　］から選んで、記号を書きましょう。

りょう　書き直した文章のほうが、とても読みやすいよ。
じゅん　下書きは、一文が（ウ）なっていたから、（カ）することを心がけたんだ。
りょう　三つの（エ）に分けたのもいいと思うよ。内容が分かれていて読みやすいな。
じゅん　一段落《だんらくめ》目は、（オ）したいこと、二段落目はきっかけとなった（キ）、三段落目は（ア）を書いたよ。
りょう　それに浄水場で教わったことが、（イ）に書いてあるのもいいよね。この後、どんな提案があるのか、続きを読みたくなっちゃうな。

ア 理由　イ 具体的　ウ 長く　エ 段落
オ 提案　カ 短く　キ 体験

(2) じゅんさんは、「提案したいこととその理由」の後に、次の三つの内容を続けるつもりでいます。どの順に書くとよいでしょう。（　）に2〜4の数字を書きましょう。

（提案したいこととその理由）（1）

（提案の方法）
・ポスターでの呼《よ》びかけ。
・校内放送での呼びかけ。
（3）

（提案の効果）
・提案が実現したら、水が限りのある大切なものだということをわかってもらえると思う。
（4）

（提案の具体的な内容）
・シャワーを一分間短くする。
・食器のよごれをふいてから洗《あら》う。
（2）

どんな順番で書くと，じゅんさんの考えが読み手に伝わるかを考えよう。

94・95ページ

46 発《はっ》展《てん》問題 ②

❶ じゅんさんは、「家庭や学校で取り組める環境《かんきょう》問題の対策《たいさく》」について提案する文章を完成させました。〈じゅんさんの文章〉と〈じゅんさんとりょうさんの会話〉を読んで後の問題に答えましょう。

〈じゅんさんの文章〉

（提案したいこととその理由）
　わたしは、みんなに節水と水をよごさないことを提案したいです。
　四年生のときに見学をした浄水場《じょうすいじょう》で教わったことがあります。それは、シャワーを三分間流し続けると、三十六リットル分の水が流れるということです。このとき、とてもおどろいて節水に気をつけていました。それなのに、今回、環境問題について学ぶまですっかり忘《わす》れてしまっていました。
　わたしのような人が多いのではないかと思い、改めて水の使い方に気をつけてほしいと考えたのが提案したい理由です。

（提案の具体的な内容）
　シャワーの出しっぱなしを今より一分間短くしてください。そうすると、水を十二リットル節約することができます。四人家族なら四十八リットルも節約できます。そして、よごれのひどい食器やなべは、よごれをさっとふいてから洗《あら》ってください。

（提案の方法）
・水問題のポスターを校内にはり、呼《よ》びかけます。
・校内放送で呼びかけます。

（提案の効果）
　あたりまえに使っている水が、限りのある大切なものであることをわかってもらえると思います。

〈じゅんさんとりょうさんの会話〉

じゅん　わたしが書いた提案文、どうだったかな？
りょう　シャワーを一分間短くするのを、さっそくやってみようって思ったよ。うちは四人家族だから、四十八リットルも節水できるなんてすごいよね。
じゅん　具体的な方法だけじゃなくて、その理由も書くと伝わるかなって思ったんだ。
りょう　食器やなべのよごれをふくのもどうしてか知りたいなあ。水をよごしちゃいけないっていうのはわかるけど……。
じゅん　よごれた水をきれいにするのに、大量の水が必要になるんだって。マヨネーズ大さじ一ぱい分をそのまま流してしまうと、そのよごれた水をきれいにするのにおふろ十三はい分、約三千九百リットルの水が必要らしいよ。
りょう　ええ！　そんなに？　そんなことを知ったら、みんな水をよごさないように気をつけるはずだよ。

(1) じゅんさんは、りょうさんの話を聞いて、〈じゅんさんの文章〉の（提案の具体的な内容）の最後に説明を書き加えることにしました。〈条件〉に従《したが》って続きを書きましょう。

〈条件〉
・「なぜなら」「たとえば」の両方を使いましょう。
・上の会話の中に出てくる言葉を使いましょう。

（例）
　そして、よごれのひどい食器やなべは、さっとふいてから洗ってください。なぜなら、よごれた水をきれいにするためには大量の水が必要だからです。たとえば、マヨネーズ大さじ一ぱい分をそのまま流してしまうと、よごれた水をきれいにするのに、おふろ十三はい分、約三千九百リットルの水が必要になります。

じゅんさんが、水をよごしてはいけない理由を説明している部分からまとめよう。